TOP 10 BUENOS AIRES

DECLAN MCGARVEY &
JONATHAN SCHULTZ

DORLING KINDERSLEY

Links **Tango-Show** Mitte **Gemälde bei Kelly's** Rechts **Cementerio de la Recoleta**

EIN DORLING KINDERSLEY BUCH

www.dorlingkindersley.de

Produktion *Quadrum Solutions, Krishnamai, 33B, Sir Pochkanwala Road, Worli, Mumbai, Indien*

Zuerst erschienen 2009
bei DK Publishing Inc., New York

Für die deutsche Ausgabe

Aktualisierte Neuauflage 2012/2013

Programmleitung *Dr. Jörg Theilacker, Dorling Kindersley Verlag*
Übersetzung *Bernhard Lück, Augsburg*
Redaktion *Birgit Walter, Augsburg; Birgit Lück, Augsburg*
Schlussredaktion *Birgit Walter, Augsburg*
Satz und Produktion *Dorling Kindersley Verlag*
Lithografie *Colourscan, Singapur*
Druck *Leo Paper Products, China*

ISBN 978-3-8310-1461-3
3 4 5 6 15 14 13 12

Die Top-10-Listen in diesem Buch sind nicht nach Rängen oder Qualität geordnet. Alle zehn Einträge sind in den Augen des Herausgebers von gleicher Bedeutung.

Inhalt

Top 10 Buenos Aires

Die Informationen in diesem Top-10-Reiseführer werden regelmäßig überprüft.

Wir haben uns intensiv bemüht, die Informationen in diesem Buch zum Zeitpunkt der Drucklegung auf den neuesten Stand zu bringen. Angaben wie Telefonnummern, Öffnungszeiten, Preise, Ausstellungen und Fahrpläne unterliegen jedoch Veränderungen. Der Herausgeber kann für eventuell hieraus entstehende Schäden nicht haftbar gemacht werden. Für Hinweise, Verbesserungsvorschläge und Korrekturen ist der Verlag dankbar. Bitte richten Sie Ihr Schreiben an:

Dorling Kindersley Verlag GmbH
Redaktion Reiseführer
Arnulfstraße 124
80636 München
travel@dk-germany.de

Links **Exponate im MALBA** Mitte **Café Tortoni** Rechts **Galerías Pacífico**

Stadtteile

Reise-Infos

Links **Calle Caminito, La Boca** Rechts **Congreso Nacional**

Buenos Aires im Internet **www.bue.gov.ar**

MUSEO CONVENTILLO
TANGO del 900
CENTRO CULTURAL

TOP 10 BUENOS AIRES

TOP 10 BUENOS AIRES

TOP 10 Highlights

Buenos Aires, la Capital, *gilt als die romantische wie auch dynamische Seele Argentiniens: In überfüllten* milongas *(Tanzlokalen) schlagen Tango-Kombos den Takt, junge Männer frönen in riesigen Stadien dem Fußballrausch, zahllose Taxis mühen sich durch einige der breitesten Boulevards der Welt. Die Einwohner der vitalen Metropole, die* Porteños, *folgen ihrem eigenen Rhythmus. Sie nehmen sich Zeit, gut gekleidet auszugehen und sich gebührend zu entspannen. Eindrucksvolle Museen, reizende Plätze und die historisch reiche Architektur machen die Stadt einladend und lebendig.*

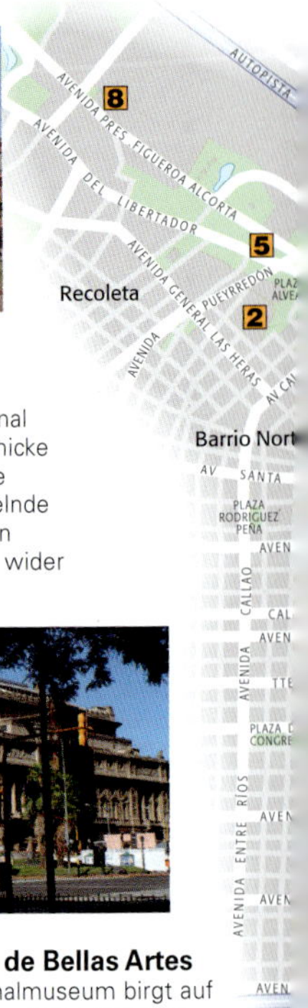

Plaza de Mayo 1

Der Platz war Kulisse rauschender Feiern zur Fußballweltmeisterschaft, ist aber auch Schauplatz der Schweigemärsche der Madres de Plaza de Mayo *(siehe S. 8f).*

2 Cementerio de la Recoleta

Der Friedhof ist Denkmal und Sinnbild der Geschicke des Landes: Glanzvolle Mausoleen und bröckelnde Marmorgräber spiegeln Glück und Niedergang wider *(siehe S. 10f).*

Teatro Colón 3

Zu seinem hundertsten Jahrestag war das größte Opernhaus Argentiniens eingerüstet. 2010 wurde es nach umfangreicher Renovierung wiedereröffnet. »El Colón« ist vermutlich das beliebteste Gebäude des Landes *(siehe S. 12f).*

4 Avenida de Mayo

Den Prachtboulevard – ein Mekka für Architekturfreunde – säumen die besterhaltenen Belle-Époque-, Jugendstil- und Art-déco-Bauten Südamerikas, nette Cafés und alte Buchläden *(siehe S. 14f).*

5 Museo Nacional de Bellas Artes

Argentiniens Nationalmuseum birgt auf relativ kleiner Fläche eine hervorragende Dauerausstellung. Sie reicht von stattlichen Bronzeskulpturen Rodins bis zu Ölgemälden der mythischen argentinischen Pampa und beinhaltet Werke zahlreicher bedeutender internationaler Künstler *(siehe S. 16f).*

Vorhergehende Doppelseite **Calle Caminito, La Boca**

7 Avenida 9 de Julio

Den 140 Meter breiten Boulevard säumen viele Sehenswürdigkeiten. Die größte Attraktion ist das Teatro Colón. Beim Überqueren der zwölf Fahrbahnen ist Vorsicht geboten. Die vielen Ampelphasen erfordern Geduld *(siehe S. 20f)*.

6 San Telmo

In einem der ältesten *barrios* der Stadt lebt die Tradition des *bodegón*, der typischen *Porteño*-Bar, in der man sich zu Wermut und Croissants trifft. Sonntags füllen Straßenmusiker die Kopfsteinpflastergassen mit den Häusern aus dem 19. Jahrhundert *(siehe S. 18f)*.

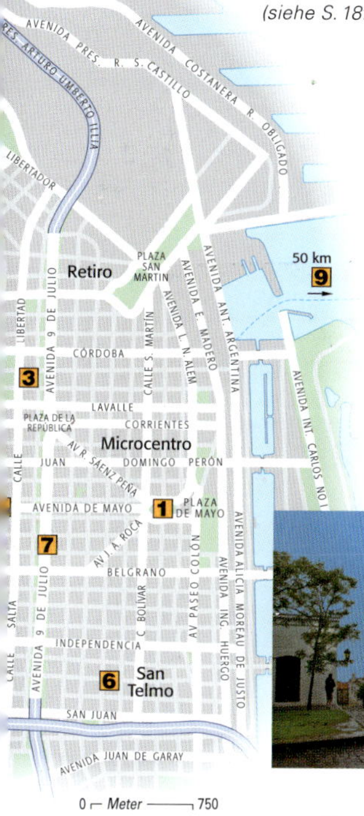

8 Museo de Arte Latinoamericano de Buenos Aires (MALBA)

Das MALBA etablierte sich nach der Eröffnung 2001 sehr rasch. Die Sammlung lateinamerikanischer Kunst enthält Werke von Diego Rivera und Xul Solar. Es gibt Filmvorführungen und einen interessanten Museumsladen *(siehe S. 22f)*.

9 Colonia del Sacramento, Uruguay

Die koloniale Architektur und die entspannte Atmosphäre machen die von portugiesischen Händlern gegründete Stadt an Wochenenden zu einem beliebten Ausflugsziel *(siehe S. 24f)*.

10 Tango

Unbeschwert und heiter oder klagend und traurig: 120 Jahre nach der Entstehung ist der Tango, Buenos Aires' musikalische und poetische Ausdrucksform, noch immer höchst lebendig. Überall gibt es Kurse und Vorführungen. Tango ist hier integraler Bestandteil der Kultur. Er fasziniert die *Porteños* und die Menschen weltweit *(siehe S. 26–29)*.

Wissenswertes über Buenos Aires aus erster Hand bietet **www.visitingbuenosaires.com**

Top 10 Plaza de Mayo

Die bedeutendsten Boulevards von Buenos Aires gehen sternförmig wie die Speichen eines Rads von diesem Platz aus. Die Plaza bietet Zeugnisse nahezu jeder Epoche der Stadtgeschichte: Das Cabildo de Buenos Aires, das kleine Regierungsgebäude aus dem 18. Jahrhundert, hat heute keine offizielle Funktion, besitzt aber eine imposante Aura. Gegenüber liegt die Casa Rosada, der viel größere aktuelle Regierungssitz. Auf dem begrünten Platz zwischen den Gebäuden wurden hitzigste innenpolitische Kämpfe ausgetragen und die größten Feste veranstaltet: von der Marinerevolte 1955 bis zu den Fußballweltmeisterschaftsfeiern 1978 und 1986. Inmitten der Geschichtsträchtigkeit kann man auf der Plaza wunderbar bei einem mate *entspannen.*

Plazoleta de San Francisco

Wenn Sie die Plaza zwischen Mai und November besuchen, fahren Sie zur nahen Casa de la Cultura *(siehe S. 15)*, um die kostenlosen Tanzvorführungen um 18 Uhr zu sehen.

Im Café La Puerto Rico (Calle Alsina 420) gibt es Kuchen und Kaffee.

- *Karte F2*
- *Casa Rosada: Calle Hipólito Yrigoyen 219; 4344-3804; www.museo.gov.ar*
- *Cabildo de Buenos Aires: Calle Bolívar 65; 4342-6729; www.cultura.gov.ar*
- *Catedral Metropolitana: Ecke Avda. Rivadavia & Calle San Martín; 4331-2845; www.catedralbuenosaires.org.ar*
- *Ministerio de Economía: Calle Hipólito Yrigoyen 250; 4349-5000; www.mecon.gov.ar*

Top 10 Sehenswert

1. Casa Rosada
2. Cabildo de Buenos Aires
3. Catedral Metropolitana
4. Pirámide de Mayo
5. Las Madres de Plaza de Mayo
6. Banco de la Nación
7. Reiterstandbild General Belgranos
8. Demonstrationen
9. Ministerio de Economía
10. Plazoleta de San Francisco

1 Casa Rosada

In der Casa Rosada *(oben)* hält der Präsident Konferenzen ab. Besucher können in dem Museum, das Relikte der alten Stadtbefestigung zeigt, auf Zeitreise gehen.

2 Cabildo de Buenos Aires

Der Regierungssitz des Vizekönigreichs des Río de la Plata birgt Exponate aus der Zeit vor Argentiniens Unabhängigkeit. Donnerstags und freitags findet im Hof ein Kunsthandwerksmarkt statt.

3 Catedral Metropolitana

Die große klassizistische Kathedrale *(unten)* wurde im Jahr 1836 geweiht. Sie beherbergt einen Rokoko-Altar und das Grabmal von General José de San Martín, dem Befreier Argentiniens.

Mehr über die Casa Rosada **www.casarosada.gov.ar**

4 Pirámide de Mayo

Das Monument *(rechts)* ist den Revolutionären von 1810 gewidmet, die Argentiniens Unabhängigkeit einleiteten. Eine Gedenktafel erinnert an Julio López, einen wichtigen Zeugen, der während eines Strafprozesses 2006 verschwand.

5 Las Madres de Plaza de Mayo

Seit 1977 protestieren die Mütter der jungen Männer und Frauen, die während der Militärdiktatur von 1972 bis 1982 verschwanden, auf der Plaza. An ihren wöchentlichen Märschen kann jeder teilnehmen.

6 Banco de la Nación

Die Nationalbank birgt ein anschauliches Modell des Platzes, wie er Mitte des 20. Jahrhunderts, als die Bank errichtet wurde, aussah – samt Autos, Fußgängern und anderen netten Details. Auch die zentrale Kuppel des Bauwerks ist beeindruckend.

7 Reiterstandbild General Belgranos

Manuel Belgrano wird nicht als Kriegsstratege verehrt, sondern für die Gestaltung der argentinischen Flagge. Das Standbild zeigt ihn zu Pferde, die nationale Standarte tragend *(oben)*.

8 Demonstrationen

Beinahe täglich finden auf der Plaza de Mayo Demonstrationen statt *(links)*. Mit Ausnahme der Krawalle vom Dezember 2001 *(siehe S. 33)* verlaufen die politischen Kundgebungen stets friedlich.

9 Ministerio de Economía

Der Bau läutete den formellen Architekturstil ein, für den sich später der Präsident Juan Perón einsetzte. In der Lobby hängen zwei düstere Ölbilder der Wandmaler Naguil und Quirós von 1939.

10 Plazoleta de San Francisco

Der Skulpturengarten enthält vier Marmorfiguren, die ursprünglich einmal die Pirámide de Mayo umgaben. Sie repräsentieren Astronomie, Geografie, Schifffahrt und Industrie.

30 Jahre Las Madres

Begleitet von Rockkonzerten, TV-Shows und politischem Interesse begingen die Madres de Plaza de Mayo 2007 ihr 30-jähriges Jubiläum. Trotz eines Zerwürfnisses 1986 ist die Botschaft der Frauen nie verstummt oder vom Ziel abgewichen. Heute richten sich die Bemühungen darauf, junge Erwachsene, die als Kinder ihren Müttern geraubt wurden, zu identifizieren und ehemalige Offiziere der Diktatur vor Gericht zu bringen.

Die Madres de Plaza de Mayo wurden u. a. mit dem UNESCO-Preis für Friedenserziehung ausgezeichnet.

Cementerio de la Recoleta

Der Friedhof ist einer der größten der Welt. Er liegt in Recoleta, einem eleganten Viertel im Norden der Stadt. Seit Mitte des 19. Jahrhunderts ist er die bevorzugte Begräbnisstätte der argentinischen Oberschicht. Hier sind Präsidenten, Militärführer, Künstler, Aristokraten und – wohl am bedeutsamsten – Eva Perón in wunderbaren Mausoleen aus Granit und Bronze bestattet. Die Grabstätten stehen dicht an dicht entlang eines Labyrinths von Wegen und engen Durchgängen. Die Vielzahl der Baustile ist faszinierend: Prächtige griechische Tempel stehen neben kleinen ägyptischen Pyramiden, Jugendstilgewölbe neben monumentalen Kenotaphen. Das mit dorischen Säulen versehene Hauptportal in die außergewöhnliche Stadt der Toten wurde 1881 errichtet.

Aussegnungskapelle

Einige Veranstalter bieten geführte Touren über den Friedhof an. Am Eingang sind Übersichtskarten erhältlich.

La Biela *(siehe S. 70)* lädt zur Kaffeepause ein. Das Café Pariser Stils war einst Treffpunkt der intellektuellen Szene der Stadt sowie der Anhänger des Automobilsports.

- *Karte N4*
- *Calle Junín 1760, zwischen Calle Guido & Calle Vicente López*
- *4803-1594*
- *tägl. 7–17.45 Uhr*
- *kostenlose Führungen auf Englisch: Mo & Do 11 Uhr*
- *www.cementeriorecoleta.com.ar*

Top 10 Grabstätten

1. Eva Duarte de Perón
2. Familie Leloir
3. Domingo Faustino Sarmiento
4. Aussegnungskapelle
5. José Clemente Paz
6. Pantheon Verdienter Bürger
7. Dorrego-Ortíz Basualdo
8. Carlos Pellegrini
9. William Brown
10. Ehrenmal der in der Revolution von 1890 Gefallenen

1 Eva Duarte de Perón

Evita Perón ist in einer vergleichsweise schlichten Familiengruft bestattet *(unten)*. Gedenkplaketten mit Zitaten wie »Ich werde zurückkehren und ich werde Millionen sein« bedecken die Wände, die Tür ist mit Blumen geschmückt.

2 Familie Leloir

Die imposante Familiengruft im Stil eines griechischen Tempels zeugt von Ehrgeiz und Selbstvertrauen der argentinischen Oberschicht des 19. Jahrhunderts. Die Skulpturen wurden wie die vieler anderer Gräber in Europa gefertigt.

3 Domingo Faustino Sarmiento

Sarmiento, von 1868 bis 1874 argentinischer Präsident, war Freimaurer. Sein selbst entworfenes Grab zieren Symbole der Gesellschaft wie Pyramide, Kompass und das Auge der Vorsehung.

4 Aussegnungskapelle

Das Marmorkruzifix über dem kleinen Altar der 1882 erbauten Kapelle schuf der italienische Künstler Giulio Monteverde. Es zeigt *Cristo Morto*, den toten Christus am Kreuz.

Bilder des Friedhofs **www.highbuenosaires.com**

5 José Clemente Paz

Das Grabmal von dem Gründer der Zeitung *La Prensa* ist das schönste des Friedhofs *(links)*. Es zeigt eine Allegorie der unsterblichen Seele: einen Engel, der seinen Körper verlässt und die Seele gen Himmel trägt.

6 Pantheon Verdienter Bürger

In diesem geschichtsträchtigen Teil des Friedhofs liegen die Gräber verschiedener Helden des Unabhängigkeitskampfs. Daneben erinnern Kenotaphe an weitere Persönlichkeiten dieser Zeit.

7 Dorrego-Ortíz Basualdo

Kreuz und Menora an der Grabstätte *(oben)* versinnbildlichen den Übertritt der jüdischen Familie zum Christentum bei ihrer Ankunft in Argentinien im 16. Jahrhundert.

8 Carlos Pellegrini

Als Präsident führte Pellegrini das Land 1890 durch eine schwere finanzielle Krise. Das Grabmal zeigt ihn, wie er auf dem Sarg sitzend Order erteilt. Die Frauen- und die Kinderfigur zu seinen Füßen stehen für die Republik und ihre Zukunft.

9 William Brown

Browns Ruhm als Begründer der argentinischen Marine wird im Tod überschattet vom tragischen Schicksal seiner Tochter: Sie ertränkte sich nach dem Tod ihres Verlobten. Auch ihre Asche ruht hier.

10 Ehrenmal der in der Revolution von 1890 Gefallenen

Das Denkmal *(rechts)* erinnert an die Toten der gescheiterten Revolution. Die Skulpturen zeigen waffenschwingende Arbeiter. Einige Führer der Radikalen Bürgerpartei (UCR) sind hier begraben.

Ursprünge des Cementerio de la Recoleta

Der Friedhof entstand 1822 an der damals nördlichen Grenze der Stadt. Die argentinische Regierung konfiszierte das Land von den Mönchen der angrenzenden Kirche Pilar. La Recoleta war der erste öffentliche Friedhof in Buenos Aires. Auf dem Areal wurden erst befreite Sklaven und einfache Bürger bestattet, seit den 1860er Jahren ausschließlich wohlhabende Einwohner.

Am Informationsstand nahe dem Eingang sind Bücher über den Cementerio erhältlich. Der Erlös dient dem Erhalt des Friedhofs.

TOP 10 Teatro Colón

Wegen seiner Größe, der perfekten Akustik und der eleganten Ausstattung zählt das Teatro Colón zu den berühmtesten Opernhäusern der Welt. Für die Porteños *ist das klassizistische Gebäude auch Statussymbol: »Reich wie ein Argentinier« hörte man oft in den New Yorker und Pariser Straßen zur Zeit der Fertigstellung des Gebäudes 1908. Ein Besuch des Theaters versetzt in jene glanzvolle Zeit zurück. Geschichten über den Bau des Teatro Colón lesen sich wie ein Verdi-Libretto. Nach vollendeter Renovierung sind La Salas* balcones *und* palcos *wie seit über hundert Jahren jeden Abend gut besucht.*

Fassade des Teatro Colón

Erkundigen Sie sich schon vorab nach »El Colón por Dos Pesos«-Konzerten, bei denen man einen vorzüglichen Platz für nur zwei Pesos erhält.

Die Confitería El Petit Colón *(siehe S. 57)* bietet Cappuccino und feine Desserts.

- *Karte P5*
- *Calle Cerrito 628*
- *4378-7100*
- *Führungen: tägl. 9–17.30 Uhr alle 15 Min.; auf Englisch: Mo–Fr 11 Uhr & 15 Uhr; Sa 9 Uhr, 11 Uhr & 15 Uhr; So 11 Uhr, 13 Uhr & 15 Uhr (Reservierung dringend empfohlen); Gebühr 14 $*
- *www.teatrocolon.org.ar*

Top 10 Opernflair

1. Foyer
2. Salón de los Bustos & Salón Dorado
3. Ehrenlogen
4. Buntglaskuppel
5. La Sala
6. El Paraíso
7. Bibliothek
8. La Cúpula
9. Pasaje de los Carruajes
10. Werkstätten

1 Foyer

Neuromanische Säulengänge und eine eindrucksvolle Belle-Époque-Buntglaskuppel kennzeichnen das Foyer *(unten)*. Bei der Gestaltung des Raums wurden vier Arten europäischen Marmors eingesetzt. Das zeigt, welch hoher Wert auf Materialien und Handwerkskunst der »Alten Welt« gelegt wurde.

2 Salón de los Bustos & Salón Dorado

Büsten von Wagner, Rossini und Beethoven thronen über den Köpfen der Theaterbesucher, wenn diese durch das Foyer gehen. Der barocke »Goldene Saal« erinnert an Versailles. Hier finden Kammerkonzerte und Ausstellungen statt.

3 Ehrenlogen

Die über den Salón de los Bustos zugänglichen *palcos* sind Würdenträgern wie dem Präsidenten und dem Bürgermeister vorbehalten. Die *Porteños* sagen, hier werde viel Politik gemacht. Besucher können die Logen auf geführten Touren besichtigen.

Alle Preise in diesem Buch werden in Argentinischen Pesos (Abkürzung: $) angegeben.

4 Buntglaskuppel

Die große Kuppel *(oben)* krönt das Foyer, zwei im Salón Dorado zeigen Szenen aus der griechischen Mythologie.

5 La Sala

Im Saal des Teatro Colón gibt es keine schlechten Plätze. Auf den mit rotem Samt bezogenen Sitzen kommen bis zu 2500 Besucher *(rechts)* in den Genuss einer Akustik, wie sie nur ein Theater in perfekter Hufeisenform bietet.

6 El Paraíso

Auch auf den günstigen Plätzen ist die Akustik hervorragend. Der ironischerweise *paraíso* (Paradies) genannte Bereich bietet Stehplätze für mehr als 500 Besucher. Optimale Sicht bleibt jedoch denjenigen vorbehalten, die frühzeitig vor Ort sind.

7 Bibliothek

Das umfangreiche Archiv des Theaters ist öffentlich zugänglich. Es enthält Erstausgaben von Libretti, Requisiten früherer Aufführungen und viele Nachschlagewerke zu Oper und Ballett. Größte Attraktion ist die vollständige Sammlung der Programmhefte seit Eröffnung des Hauses 1908.

8 La Cúpula

Die imposante Kuppel *(links)* über La Sala misst 318 Meter. Die ursprünglichen Bilder sind lange verblasst – die jetzigen Gemälde stammen aus den 1960er Jahren.

9 Pasaje de los Carruajes

Beim Treppenaufgang des Foyers befindet sich ein enger Korridor. Bevor es in Buenos Aires Automobile gab, stiegen wohlhabende Theaterbesucher hier aus ihren Kutschen aus.

10 Werkstätten

In den drei Werkstätten werden Bühnenbilder und Requisiten angefertigt sowie Kostüme genäht. Darsteller proben hier auf einer nachgebildeten Bühne *(rechts)*.

Der schwierige Weg zur Eröffnung

Von der Grundsteinlegung 1889 bis zur Eröffnung des Theaters vergingen zwei Jahrzehnte: Nach dem Tod des leitenden Architekten führte dessen Assistent die Arbeit fort, bis auch er 1904 verstarb. Der wichtigste Finanzier wurde Opfer eines Attentats. Das Projekt fiel an einen Belgier, der dem Bau Elemente des französischen Barock hinzufügte. Das Haus eröffnete 1908 mit Verdis *Aida*.

Das Teatro Colón wurde am 25. Mai 2010, am Vorabend des 200. Jahrestags der Unabhängigkeit Argentiniens, wiedereröffnet.

Top 10 Avenida de Mayo

Die prachtvolle Avenida de Mayo machte Buenos Aires zur Weltstadt. Der Boulevard Pariser Stils, der von ungewöhnlich breiten Bürgersteigen gesäumt ist, verbindet die Plaza del Congreso mit der Casa Rosada. Auf halber Länge kreuzt die Avenida 9 de Julio. Heute nehmen einfache Läden ein wenig vom einstigen Glanz, doch die Bauten entlang dem Boulevard faszinieren nicht nur Architekturbegeisterte. Belle-Époque-, Jugendstil- und Art-déco-Fassaden in diversen baulichen Zuständen vereinen sich zu einem Bilderbuchpanorama der Architekturstile vom späten 19. bis ins frühe 20. Jahrhundert. An der Avenida de Mayo liegen zahlreiche alteingesessene Bars, Cafés und Buchläden. Im Untergrund verläuft mit der Línea A die älteste U-Bahn-Linie der Stadt.

Casa de la Cultura

Die gesamte Avenida lässt sich bei einem entspannten Spaziergang erkunden.

Das Café Iberia (Ecke Calle Salta) lädt zu Tortilla *española* ein.

- *Karte D2–F2*
- *Hotel Chile: Nr. 1297; 4383-7877*
- *Palacio Barolo: Nr. 1370; 4383-1065; www.pbarolo.com.ar*
- *Castelar Hotel: Nr. 1152; 4383-5000; www.castelarhotel.com.ar*
- *Café Tortoni: Nr. 825; 4342-4328; www.cafetortoni.com.ar*
- *Café Los 36 Billares: Nr. 1265; 4381-5696; www.los36billares.com.ar*
- *Palacio Vera: Nr. 767; 4345-8800*
- *Teatro Avenida: Nr. 1222; 4381-0662; www.balirica.org.ar*
- *Casa de la Cultura: Nr. 575; 4323-9669; www.buenosaires.gov.ar*

Top 10 Prachtboulevard

1. Edificio la Inmobiliaria
2. Hotel Chile
3. Palacio Barolo
4. Castelar Hotel
5. Café Tortoni
6. Café Los 36 Billares
7. Palacio Vera
8. Teatro Avenida
9. Edificio Drabble
10. Casa de la Cultura

1 Edificio la Inmobiliaria

Das 1910 errichtete, beeindruckende Gebäude *(oben)* auf der Plaza del Congreso ist im Stil der italienischen Neorenaissance gestaltet.

2 Hotel Chile

Das weiß gestrichene, durch goldene und blaue Kacheln akzentuierte Hotel Chile *(rechts)* zeigt wunderbaren Jugendstil. Es ist außen hübscher als innen.

3 Palacio Barolo

Das prunkvolle Gebäude von 1923 war bis zur Fertigstellung des Edificio Kavanagh *(siehe S. 34)* das höchste der Stadt. Seine Lobby zieren ein Deckengewölbe, Wasserspeier, ein Bodenmosaik und schmiedeeiserne Fahrstühle.

Die Verbindung des Palacio Barolo mit Dantes Göttlicher Komödie *erklärt* **www.pbarolo.com.ar**

4 Castelar Hotel
Der elegante Schriftzug ist Sinnbild für die frühere Pracht des Boulevards. In dem 1929 eröffneten Hotel *(oben)* wohnte u. a. der spanische Schriftsteller Federico García Lorca.

5 Café Tortoni
Das älteste Café der Stadt *(rechts)* bietet seit 1858 Tango und Unterhaltung zum Kaffee und hat in der Geschichte von Buenos Aires große Bedeutung *(siehe S. 26)*.

6 Café Los 36 Billares
Das edle Café *(Mitte)* von 1894 mit Holzvertäfelung, echter Movado-Uhr und einem Billardraum mit rauchgeschwängerter Atmosphäre bietet exzellenten Kaffee sowie Tango-Kurse und -Aufführungen.

7 Palacio Vera
Im sechsten Stock des Gebäudes sehen Besucher eine Glaskuppel und filigrane Stuckarbeiten. El Túnel und El Ventanal zählen zu den charmantesten altmodischen Buchläden der Stadt.

Teatro Avenida 8
Das Teatro Avenida *(rechts)* wurde 1908 zur Förderung des spanischen Musiktheaters *Zarzuela* gegründet. Nach einem Brand 1979 wurde das Haus renoviert. Heute erstrahlt es wieder in altem Glanz.

9 Edificio Drabble
Einst beherbergte das Edificio Drabble von 1893 das vornehme Hotel Chacabuco Mansions, heute sind die zerfallenden Balkone und Mansarden Sinnbild für das launische Schicksal der Stadt.

10 Casa de la Cultura
Das ehemalige Gebäude der Zeitung *La Prensa* zeigt neobarocken Stil. Am Informationsschalter des Kultusministeriums im Foyer sind Programme für die Veranstaltungen in der Stadt erhältlich.

Neuer Boulevard, neuer Zeitgeist

Die Avenida de Mayo war Buenos Aires' erster vollständig geplanter Boulevard – ein Projekt, dessen Ausmaße und Kosten auf dem Kontinent bis dahin unvorstellbar waren. Torcuato de Alvear *(siehe S. 59)* verwies bei der Planung auf die Pariser Belle-Époque-Erweiterung in den 1880er Jahren, aber zur Zeit der Konstruktion dominierte bereits weltweit der Jugendstil.

Das renommierte Spa des Castelar Hotel steht auch Nichtgästen offen (Mo–Fr 10–21 Uhr, Sa 11–20 Uhr; 4381-4037).

TOP 10 Museo Nacional de Bellas Artes

Das herausragende Museum wurde 1896 gegründet – im Rahmen generellen Bestrebens, die schönen Künste in Argentinien zu etablieren. 1932 zog die Sammlung in das heutige Gebäude. Sie enthält über 12 000 Kunstwerke, etwa 800 sind permanent ausgestellt. Nirgendwo sonst in Lateinamerika sind so viele Werke internationaler Künstler versammelt. Zu sehen ist Kunst von Rubens, Rembrandt, Goya, Rodin, Monet, Renoir, Cézanne, van Gogh, Picasso, Kandinsky, Pollock, Miró und Rothko. Zu den argentinischen Meistern zählen Antonio Berni, Cándido López, Benito Quinquela Martín und Guillermo Kuitca.

MNBA-Poster

Außenansicht des MNBA

Im Museumsshop im Erdgeschoss sind hervorragende Führer erhältlich. Außerdem kann man tragbare Audioführer in spanischer oder englischer Sprache mieten.

Hinter dem Museum liegt das elegante Restaurant Modena Design (Avda. Figueroa Alcorta 2270; 6955-5304). Es serviert leckere Snacks und Hauptspeisen. Das Restaurant besitzt eine Terrasse.

- *Karte N3*
- *Avda. del Libertador 1473*
- *5288-9945*
- *Di–Fr 12.30–20.30 Uhr, Sa & So 9.30–20.30 Uhr*
- *frei*
- *www.mnba.org.ar*

Top 10 Sammlungen

1. Sammlung Hirsch
2. Francisco José de Goya y Lucientes
3. Bildende Künste 1940–1970
4. Präkolumbische Textilien der Anden
5. Sammlung Di Tella
6. Quirós-Sammlung
7. Argentinische Kunst, 1960er Jahre: Otra Figuración
8. Skulpturenhof
9. Sammlung Mercedes Santamarina
10. Argentinische Kunst, 1970er Jahre: Realismus

1 Sammlung Hirsch

Die Sammlung birgt Werke holländischer und flämischer Meister des 16. und 17. Jahrhunderts wie Rembrandt und Rubens. Achten Sie auf Licht und Schatten in Rembrandts Portrait seiner Schwester Lisbeth *(oben)*. Ein französischer Gobelin von 1627 und ein bronzener Neptun runden die Sammlung ab.

2 Francisco José de Goya y Lucientes

Goyas Ölbilder (1808–12) der napoleonischen Kriege zeigen Schlachtszenen in trostlos grauen Landschaften. Akzente setzen allein Orange und Rot für Feuer und Blutvergießen *(unten)*.

Wenn Sie wenig Zeit haben, gehen Sie vom Haupteingang aus nach rechts direkt zu den Ausstellungen moderner Meisterwerke.

3 Bildende Künste 1940–1970

Sozialistische Künstler wie Antonio Berni entdeckten in den 1960er Jahren den Kupferstich für sich. *Der Stierkämpfer (oben)* zeigt dessen innovative dreidimensionale Technik.

4 Präkolumbische Textilien der Anden

Die Ausstellung zeigt Ponchos, Schals und Kopfbedeckungen der Nazca (0–600 n. Chr) und Chancay (900–1476) aus dem heutigen Peru *(rechts)*.

5 Sammlung Di Tella

Die über das MNBA verteilten Werke zeigen in den Sektionen Europäische Avantgarde und Amerikanische Abstrakte Kunst größte Wirkung.

6 Quirós-Sammlung

Die Bilder von Cesáreo Bernaldo de Quirós idealisieren die Gauchos als letzte Bastion gegen Modernisierung und Verstädterung, so auch *Der Schlächter* und *Don Juan Sandoval (unten)*.

7 Argentinische Kunst, 1960er Jahre: Otra Figuración

1961 thematisierten vier argentinische Künstler Entfremdung und gesellschaftlichen Zusammenbruch. Fragmentierte Formen stehen für Chaos.

8 Skulpturenhof

Naturalistische Skulpturen *(rechts)* argentinischer Künstler säumen die Museumsterrasse. Pedro Zonza Brianos Werk *Wachset und mehret Euch* strotzt vor Sinnlichkeit.

9 Sammlung Mercedes Santamarina

Neben Pastellen von Degas und Bronzeskulpturen von Rodin sind vor allem das Porzellan aus der Ming-Dynastie und die Gemälde von Cézanne und Renoir sehenswert.

10 Argentinische Kunst, 1970er Jahre: Realismus

Kunst jener Zeit ist von den Gräueln der Militärdiktatur geprägt. Seguís *La Distancia de Mirada* zeigt Trostlosigkeit, Heredias *Knebelungen* Terror und Zensur.

Kurzführer

Die Dauerausstellungen sind chronologisch über drei Etagen angeordnet. Der erste Stock präsentiert internationale Kunst vom Mittelalter bis ins 20. Jahrhundert, der zweite argentinische Werke aus dem 19. und 20. Jahrhundert sowie lateinamerikanische Kunst, der dritte Stock birgt Fotografien und Skulpturen. Der Pavillon im Erdgeschoss dient Wechselausstellungen.

Im Vortragsraum im zweiten Stock des Museums finden täglich Filmvorführungen statt.

TOP 10 San Telmo

Das reizende Viertel ist das koloniale Herz der Stadt. Es besitzt kopfsteingepflasterte Straßen, Kolonialhäuser, spanische Kirchen und Antiquitätenläden. Die ersten wohlhabenden Bewohner verließen San Telmo während einer Gelbfieber-Epidemie 1871. Ihre Villen wurden dann als conventillos, *als Unterkünfte für arme europäische Einwanderer genutzt. San Telmo wurde kultureller Schmelztiegel und Hochburg der Arbeiterschicht, später ein untrennbar mit dem Tango verbundenes Künstlerviertel. Frisch herausgeputzt mit schicken Lofts, edlen Restaurants und Boutiquehotels bewahrt es doch eine bodenständige Atmosphäre.*

Antiker Krug

Straßenmarkt, San Telmo

In San Telmo kann man vielerorts Tango sehen. El Viejo Almacén *(siehe S. 45)* und Bar Sur (Estados Unidos 299; 4362-6086) sind zwei der besten Tango-Lokale.

Die Bar El Federal *(siehe S. 57)* eignet sich hervorragend für einen Imbiss.

- *Karte F4*
- *Feria de Antigüedades: So 10–17 Uhr*
- *Museo de Arte Moderno: Avda. San Juan 350; 4342-2970; www.museodeartemoderno.buenosaires.gob.ar*
- *Straßenkünstler: Calle Defensa zwischen Plaza Dorrego & Avda. Belgrano*
- *Mercado de San Telmo: Ecke Calle Carlos Calvo & Calle Bolívar*
- *Iglesia Nuestra Señora: Avda. Humberto Primo 378*
- *Pasaje la Defensa: Calle Defensa 1179*

Top 10 Künstlerviertel

1. Plaza Dorrego
2. Feria de Antigüedades
3. Parque Lezama
4. Monumento Canto al Trabajo
5. Museo de Arte Moderno
6. Straßenkünstler
7. Mercado de San Telmo
8. Balkone
9. Iglesia Nuestra Señora de Belén
10. Pasaje de la Defensa

1 Plaza Dorrego

Die malerische Plaza Dorrego im Zentrum des Viertels stammt aus der Kolonialzeit. Der Platz ist von Antiquitätenläden, alten Tango-Bars und in Sepia gestalteten Cafés umringt.

2 Feria de Antigüedades

Der sonntägliche Antiquitätenmarkt *(links)* findet seit 1970 auf der Plaza Dorrego statt. Das Angebot – von Jugendstilschmuck der Jahrhundertwende bis zu Kitsch und Nippes – beinhaltet viele Schnäppchen.

Parque Lezama 3

Der Park *(rechts)*, ein beliebtes Erholungsgebiet, gilt als der Ort, an dem Buenos Aires gegründet wurde. An der nordwestlichen Ecke zeigt eine Statue den Stadtgründer Pedro de Mendoza.

Die Buslinie 29 verbindet San Telmo mit La Boca. Auf dem Rückweg fährt man die Calle Defensa entlang bis zur Plaza Dorrego.

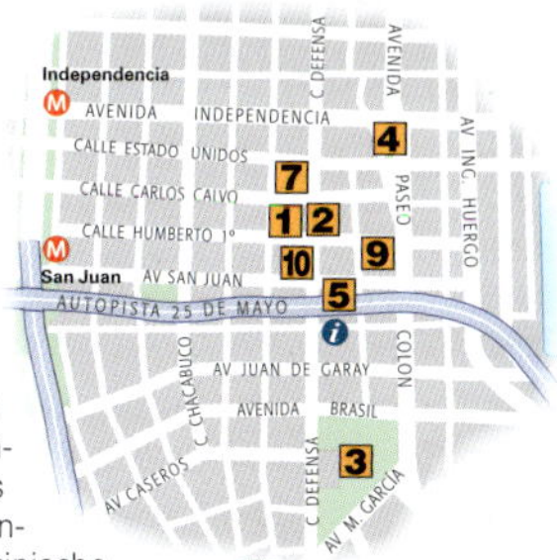

4 Monumento Canto al Trabajo

Das dynamische Monument *(oben)* zeigt muskulöse, in gemeinsamer Anstrengung vereinte Arbeiter. Es steht nahe der Facultad de Ingeniería.

5 Museo de Arte Moderno

Das MAMBA im Zentrum von San Telmos Künstlerszene präsentiert moderne argentinische Kunst wie auch Werke von Dalí, Matisse und Picasso.

6 Straßenkünstler

Sonntags bevölkern Musiker *(oben)* die Bürgersteige der Calle Defensa, auf dem Kopfsteinpflaster wird Tango getanzt – stets ein Besuchermagnet.

7 Mercado de San Telmo

Die Markthalle aus den 1890er Jahren *(unten)* ist unverändert. Stände mit Nippes gruppieren sich um den Lebensmittelmarkt im zentralen Hof.

8 Balkone

Die alten Balkone *(unten)* zeigen diverse Stilrichtungen: Sie sind aus Gusseisen oder besitzen Steinbalustraden, auf vielen hängen Vogelkäfige oder Wäsche. Sie bieten Einblick in das Leben der Arbeiterschicht.

9 Iglesia Nuestra Señora de Belén

Die Kirche von 1733 hat eine neobarocke Fassade. Die andalusischen Türme kamen 1852 hinzu. Im Inneren verweisen Heiligenstatuen und neun Altäre auf die kolonialen Wurzeln des Bauwerks.

10 Pasaje de la Defensa

Der 1872 erbaute Wohnsitz der Familie Ezeiza diente später als *conventillo*, in dem über 30 Einwandererfamilien gleichzeitig lebten. Heute birgt er einen Flohmarkt.

Gründung von Buenos Aires

1536 führte der Spanier Pedro de Mendoza eine Expedition zum Río de la Plata. Im heutigen San Telmo baute er eine Stadt, die er Nuestra Señora Santa María del Buen Aire nannte. Nach Angriffen durch die indigenen Querandí wurde die Siedlung 1541 aufgegeben *(siehe S. 32)*.

Wer San Telmo nur einen Tag widmen kann, sollte das Viertel sonntags besuchen, wenn der berühmte Antiquitätenmarkt stattfindet.

Avenida 9 de Julio

Der 140 Meter breite Boulevard mit zwölf Fahrspuren erscheint – den charakteristischen Gummibäumen und holprigen Gehwegen gleich – als historischer Bestandteil der Stadt, gehört aber zu den jüngsten Projekten der Stadtplanung. Die aktuelle Länge von der Avenida Alem zur Plaza Constitución wurde 1980 erreicht. Zu Beginn des Bauvorhabens 1937 wurden Tausende Menschen umgesiedelt, prächtige Häuser und Kirchen wie die Kathedrale San Nicolás aus dem 18. Jahrhundert abgerissen. Die von vielen plazoletas *durchbrochene Durchgangsstraße zieren öffentliche Kunst und einige der Hauptattraktionen der Stadt. Gespräche werden von dem halsbrecherischen Verkehr übertönt, Fußgänger können die Avenida nicht in einer Ampelphase überqueren.*

Calle Levalle

Bei einem Abstecher in die Calle Arroyo kann man einen Blick in einige der elegantesten Straßen von Retiro werfen.

Genießen Sie ein schönes Glas Malbec in der Winery (Avda. del Libertador 500; 4325-3400).

- *Karte P4–P6*
- *Französische Botschaft: Calle Cerrito 1399; 4515-7000; Di–Fr 10.30–17 Uhr, Sa & So 13.30–18 Uhr*
- *Estación Constitución: Ecke Calle Lima & Calle Brasil; 4306-7919; tägl. 24 Std.; achten Sie auf Ihre Wertgegenstände*
- *Museo de Arte Hispanoamericano Isaac Fernández Blanco: Calle Suipacha 1422; 4327-0228; Di–Fr 14–19 Uhr, Sa & So 11–19 Uhr; Eintritt 1 $ (Do frei); www.museos.buenosaires.gov.ar/mifb.htm*

Top 10 Attraktionen

1. Obelisco de Buenos Aires
2. Französische Botschaft
3. Teatro Colón
4. Homenaje al Quijote
5. Ministerio de Desarrollo Social
6. Estación Constitución
7. Calle Levalle
8. Museo de Arte Hispanoamericano Isaac Fernández Blanco
9. Mansión Alzaga Unzué
10. Plazoleta Cataluña

1 Obelisco de Buenos Aires

Das zum 400. Jahrestag der Stadtgründung errichtete Denkmal *(Mitte)* ist Kulisse von Konzerten, Aufführungen und Kundgebungen.

2 Französische Botschaft

Proteste verhinderten den Abriss des schönen Belle-Époque-Gebäudes *(oben)* von 1913, das der Avenida 9 de Julio weichen sollte.

3 Teatro Colón

Der Bau *(rechts)* ist ein architektonisches Meisterwerk. Die Werkstätten aus Gusseisen und Glas ragen aus dem Hauptgebäude vor *(siehe S. 12f)*.

Die Avenida 9 de Julio erinnert an den Tag der argentinischen Unabhängigkeit, den 9. Juli 1816.

4 Homenaje al Quijote

Die Statue zeigt Miguel de Cervantes' grandiosen Antihelden Don Quijote auf seinem Pferd. Die Bronzefigur steht auf einem weißen Steinsockel.

5 Ministerio de Desarrollo Social

Neben der Französischen Botschaft entging nur das einstige Ministerialgebäude aus dem Jahr 1936 dem Abriss.

6 Estación Constitución

Nach sechsjähriger Renovierung ist der Beaux-Arts-Komplex von 1887 *(oben)* wieder der schönste Bahnhof der Stadt.

7 Calle Levalle

Den östlichen Bereich der Straße säumen Bingohallen, schummrige Kinos und kitschige Lokale. Vor allem nach Einbruch der Dunkelheit präsentiert die Straße grellen Charme.

8 Museo de Arte Hispanoamericano Isaac Fernández Blanco

Die Villa in neokolonialem Stil *(oben)* beherbergt die Sammlung Isaac Fernández Blanco mit Antiquitäten und sakraler Kunst aus der Kolonialzeit.

9 Mansión Alzaga Unzué

Das Gebäude *(links)* im Louis-XIII-Stil wurde 1919 für eine Adelsfamilie errichtet. Heute gehört es zum Four Seasons Hotel *(siehe S. 112)*.

10 Plazoleta Cataluña

Den Platz kennzeichnen eine von der Stadt Barcelona gestiftete Laterne mit Brunnen sowie an französische Châteaux erinnernde Trompe-l'œil-Elemente.

Ein Spaziergang

Vom Obelisco de Buenos Aires geht es nördlich zur Calle Carlos Pellegrini. Besichtigen Sie das Teatro Colón, bevor Sie in der Confitería El Petit Colón *(siehe S. 57)* etwas essen. Vorbei an der Französischen Botschaft geht es nun zur Plazoleta Cataluña, dann folgen Sie der Avenida Alvear nach Recoleta.

Der Obelisk ist 67 Meter hoch. Er steht an der Stelle, an der in Buenos Aires erstmals die argentinische Flagge gehisst wurde.

TOP 10 Museo de Arte Latinoamericano de Buenos Aires (MALBA)

Fast gleichzeitig mit dem Zusammenbruch der argentinischen Wirtschaft entstand in Palermo Chico ein wichtiges kulturelles Wahrzeichen: Seit September 2001 ist die Sammlung Constantini, ein vordem wandernder Fundus von über 400 wertvollen lateinamerikanischen Kunstwerken, in dem modernen, luftigen, mehrstöckigen Bau des MALBA untergebracht. Man sagt, das Gebäude stelle wie das New Yorker Museum of Modern Art die gezeigten Skulpturen, Gemälde, Dokumente und Fotografien in den Schatten. Besuchern der Dauerausstellung oder des Programmkinos erscheint das MALBA überschaubar.

Fassade des MALBA

Bei rechtzeitiger Anmeldung gibt es für Gruppen Führungen auf Englisch.

Das Café des Arts, das Restaurant des MALBA, serviert in hellem, modernem Ambiente internationale Speisen. Der Food Court des nahen Paseo Alcorta *(siehe S. 39)* bietet viele Möglichkeiten zum Mittagessen.

- *Karte M2*
- *Avda. Figueroa Alcorta 3415*
- *4808-6500*
- *Do–Mo 12–20 Uhr (Mi bis 21 Uhr)*
- *Eintritt 25 $ (Mi 12 $)*
- *Café des Arts: 4808-0754; tägl. 9–21 Uhr*
- *www.malba.org.ar*

Top 10 Glanzlichter

1. Tiendamalba
2. Xul Solar – *Pareja* (1923)
3. Pablo Curatella Manes – *El Acordeonista* (1922)
4. Antonio Seguí – *La Distancia de la Mirada* (1976)
5. malba.cine
6. Guillermo Kuitca
7. Fernando Botero – *Los Viudos* (1968)
8. Antonio Berni – *Manifestación* (1934)
9. Ernesto Deira – *9 variaciones sobre un bastidor bien tensado* (1965)
10. Frida Kahlo – *Autoretrato con Chango y Loro* (1942)

1 Tiendamalba

Neben Postkarten und Büchern bietet der Museumsshop ein einzigartiges Sortiment von Stoffpuppen, ledernen Kuh-Statuetten und Nippes *(unten)*.

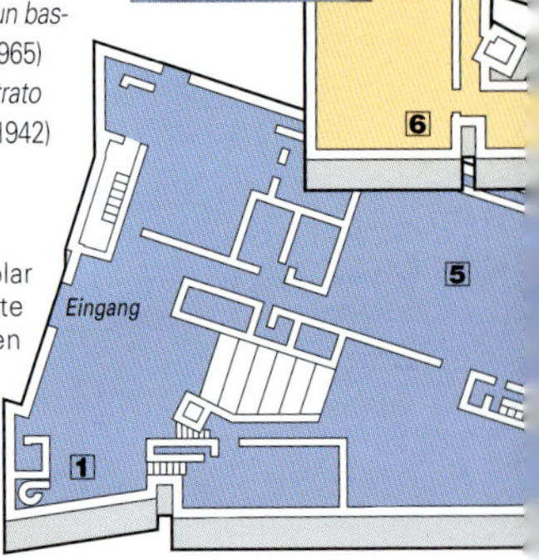

2 Xul Solar – Pareja (1923)

Der einfallsreiche Solar *(siehe S. 88f)* erreichte mit *Pareja (unten)* den Gipfel seines Schaffens. Wärme und Licht des Bildes führten oft zu Vergleichen mit europäischen Meistern.

3 Pablo Curatella Manes – El Acordeonista (1922)

Bei einem Paris-Besuch in den 1920er Jahren freundete sich der Bildhauer mit Juan Gris an. *El Acordeonista* belegt den Einfluss des spanischen Kubisten.

Kleine Museen in Buenos Aires **siehe S. 40f**

5 malba.cine

Donnerstags bis sonntags besuchen Cineasten das MALBA, um internationale Kunstfilme, Klassiker oder einheimische Filme zu sehen *(links)*. Das Programm reicht von Jean-Luc Godards nachdenklichen Filmen bis zu Komödien von Abbot und Costello.

4 Antonio Seguí – La Distancia de la Mirada (1976)

Der in Córdoba geborene Antonio Seguí würzt seine pessimistischen Gemälde mit ein wenig Humor. In *La Distancia de la Mirada* blickt eine englische Bulldogge vor einem Hintergrund aus grauen Flächen den Betrachter gleichgültig an.

6 Guillermo Kuitca

Guillermo Kuitca, der berühmteste argentinische Künstler dieser Zeit, arbeitete schon mit den verschiedensten Medien *(unten)*. Auf der Biennale in Venedig 2007 füllten seine Werke den Pavillon Argentiniens.

7 Fernando Botero – Los Viudos (1968)

Botero ist heute wegen seiner umstrittenen *Abu-Ghraib*-Serie bekannt. Berühmt wurde der Maler jedoch mit rundlichen Figuren in Bildern wie *Los Viudos*.

8 Antonio Berni – Manifestación (1934)

Berni war ein großer Anhänger des gesellschaftlichen Realismus. *Manifestación (unten)* zeigt seine frühere Affinität zum Surrealismus.

9 Ernesto Deira – 9 variaciones sobre un bastidor bien tensado (1965)

Das Gemälde auf neun Leinwänden bedeckt eine ganze Wand. Es impliziert und hinterfragt Chaos.

10 Frida Kahlo – Autoretrato con Chango y Loro (1942)

Das Selbstporträt steht für den mexikanischen Surrealismus. Es enthält zwei Lieblingsmotive Kahlos: Vögel und Affen.

Neue argentinische Avantgarde

Paradoxerweise erlebte die kommerzielle Kunstszene Argentiniens nach der wirtschaftlichen Krise 2001/2002 einen enormen Aufschwung. Künstler bezogen die baufälligen Häuser und Lagerhallen in La Boca, Almagro und Barranca und gestalteten ihre Antwort auf das Chaos im Land – oft in medienübergreifender und auch in digitaler Form.

Das MALBA lässt sich bequem an einem Nachmittag erkunden.

TOP 10 Colonia del Sacramento, Uruguay

Colonia del Sacramento, oder schlicht Colonia, ist durch das breiteste Flussdelta der Welt und eine Staatsgrenze von Buenos Aires getrennt, dennoch bestehen enge Verbindungen: Fähren von Puerto Madero setzen Besucher (mit Reisepass) über. Neben der uruguayischen Währung sind argentinische Pesos im Umlauf, Schwaden von Holzrauch mit dem Duft gegrillten Rindfleischs erfüllen die Luft. Doch gerade der Kontrast zu Buenos Aires macht den Besuch der 1680 gegründeten, einst portugiesischen Hafenstadt, einer UNESCO-Welterbestätte, reizvoll. Der Río de la Plata, von Buenos Aires aus nicht zu sehen, ist allgegenwärtig. In dem von Sandstränden gesäumten Fluss spiegeln sich der Leuchtturm – Wahrzeichen der Halbinsel – und die untergehende Sonne.

Portón de Campo

Gehen Sie bereits gut eine Stunde vor Abfahrt zum Buquebus-Terminal in Puerto Madero. Vor allem an den Wochenenden sind die Warteschlangen lang.

Die Restaurants in der Altstadt bieten allesamt gute Küche. Speisen und Ambiente im El Drugstore *(siehe S. 99)* spiegeln den Facettenreichtum von Palermo Viejo wider.

- *Karte B4*
- *Museo Portugués: C. Enríquez de la Peña; Do–Di 11.15–16.45 Uhr; Museumspass 50 Pesos Uruguayos (ermöglicht den Besuch aller sieben Museen in Colonia del Sacramento)*
- *El Faro: Calle San Francisco; tägl. 13 Uhr bis Sonnenuntergang (Sa & So ab 11 Uhr); Eintritt 15 Pesos Uruguayos*

Top 10 Stadtflair

1. Plaza Mayor
2. Museo Portugués
3. El Faro & Convento de San Francisco
4. Real de San Carlos
5. Casa Nacarello
6. Playa Ferrando
7. Iglesia Matriz
8. Calle de los Suspiros
9. Portón de Campo
10. Rambla Costanera

1 Plaza Mayor

Der von vielen Museen umgebene Platz *(oben)* bietet stattliche Palmen und eine Papageienkolonie. Spaziergänge durch die hübschen Straßen der Halbinsel beginnen am besten hier.

3 El Faro & Convento de San Francisco

In den Leuchtturm aus dem Jahr 1857 sind die Ruinen eines Klosters aus dem späten 17. Jahrhundert integriert *(unten)*.

2 Museo Portugués

Das Museum in einem Gebäude von 1720 widmet sich dem portugiesischen Erbe Colonias. Es zeigt Repliken von Seekarten aus dem 16. Jahrhundert und historische Uniformen. Weitere Exponate illustrieren die Bedeutung des Deltas für den Handel mit afrikanischen Sklaven.

Per ABC-Bus von der Avenida General Flores, Taxi oder Motorroller erreicht man die Strände und Real de San Carlos.

4 Real de San Carlos

Das einst vornehme Resort ist heute nur noch ein Schatten seiner selbst: Von der Stierkampfarena im maurischen Stil *(oben)*, dem Casino und dem Hafenbecken sind nur noch Reste zu sehen.

5 Casa Nacarello

Dieses charakteristisch portugiesische Haus *(rechts)* birgt zum Teil noch originale Möbel aus der Mitte des 18. Jahrhunderts. Augenfällig ist die dunkle Küche.

6 Playa Ferrando

Die schönste Bucht der Gegend – mit Schatten spendenden Bäumen und Grillrestaurant – liegt östlich des Zentrums. Sie ist gut mit Motorrollern zu erreichen, doch auch ein Taxi ist erschwinglich.

7 Iglesia Matriz

Die älteste Kirche Uruguays *(unten)* wurde 1680 erbaut. Bemerkenswert sind die schmucklose weiße Fassade und die mit wunderbaren italienischen Fliesen verzierten Zwillingskuppeln.

8 Calle de los Suspiros

Von den malerischen engen Straßen, die von der Plaza Mayor zum Fluss hinabführen, ist die Calle de los Suspiros, die »Straße der Seufzer«, wohl am schönsten.

9 Portón de Campo

Der 1745 von den Portugiesen erbaute Torbogen ist das einzige Relikt der ursprünglichen Stadtbefestigung. Form und Gestaltung verleihen dem Stadttor ein mittelalterliches Aussehen.

10 Rambla Costanera

Die westlich am Ufer des Río de la Plata verlaufende Straße *(links)* bietet Blick auf die nahe gelegenen Inseln. Zwei Treppen führen zu den Felsen unterhalb der Rambla. Dort kann man mittags wunderbar rasten.

Anreise

Buquebus betreibt die häufigsten Fährverbindungen nach Colonia del Sacramento. Ticketschalter und Terminal liegen am nördlichsten Punkt von Puerto Madero (Avda. Antártida Argentina 821; 4316-6500; www.buquebus.com). Katamarane benötigen eine Stunde. Die Passagiere reisen unter Deck. Die *Eladia Isabel* bietet eine gemächliche Anreise: Die dreistündige Überfahrt kann man bequem auf dem Deck des Schiffs verbringen.

TOP 10 Tango

Nichts repräsentiert das vor Leben sprühende Buenos Aires so gut wie der Tango – der leidenschaftliche, ausdrucksvolle Tanz, der in der Stadt entstand. Die meisten Quellen lokalisieren den Ursprung am Flussufer in La Boca, wo in den 1880er Jahren Einwanderer aus Mittelmeerländern, Osteuropa und Westafrika in den bordellos *– unter anderem – tanzten, sangen und Gitarre spielten. Schnell eroberte der Tango die Salons der Stadt. Als er in die Metropolen Europas einzog, schloss er Instrumente wie Piano und* bandoneón *sowie komplexe theatralische Tanzschritte ein. Heute wird der Tango als ureigene Kreation der* Porteños *angesehen. In Buenos Aires lässt sich der Tanz in der Form erleben, wie er sich in über 120 Jahren in seiner Heimatstadt entwickelt hat.*

Tango-Musiker

- *Confitería Ideal: Karte Q6; Calle Suipacha 380; 5265-8069*
- *La Nacional: Karte D2; Calle Adolfo Alsina 1465;*
- *Café Tortoni: Karte Q6; Avda. de Mayo 825; 4342-4328*
- *Zivals: Karte N6; Avda. Callao 395; 5128-7500*
- *La Botica del Angel: Karte D2; Calle Luis Saénz Peña 541; 4384-9396*
- *Chiquín: Karte Q6; Tte. Gral. Juan Domingo Perón 920; 4394-5004*
- *Piazzolla Tango: Karte Q6; Calle Florida 165; 4344-8200*
- *Mansión Dandi Royal: Karte E3; Calle Piedras 922; 4361-3537*
- *Cementerio la Chacarita: Calle Guzmán 680; 4553-9338*
- *Comme il Faut: Karte P5; Calle Arenales 1239; 4815-5690*

Top 10 Tango-Fieber

1. Confitería Ideal
2. La Nacional
3. Café Tortoni
4. Zivals
5. La Botica del Angel
6. Chiquín
7. Piazzolla Tango
8. Mansión Dandi Royal
9. Cementerio la Chacarita
10. Comme il Faut

1 Confitería Ideal

Der altehrwürdige Salon *(unten)* gehört noch immer zu den lebendigsten der Stadt. Er wirkt ein wenig schäbig, bezieht aber gerade daraus romantischen Charme. Im oberen Stockwerk gibt es Tango-Kurse, exzellente Live-Musik und hervorragenden Kaffee.

La Nacional 2

Der beliebte, mittwochs veranstaltete Tango-Abend *(milonga)* in dem renovierten, historischen italienischen Club in Montserrat *(rechts)* verhalf dem gemeinschaftlichen, alltäglichen Aspekt des Tanzes zu neuer Bedeutung.

3 Café Tortoni

Die Erwähnung dieses Cafés *(Mitte)* war für Liedtexter Pflicht: Zur Blütezeit des Tangos in den 1920er Jahren diente das Tortoni Komponisten und Musikern als »Büro«. Es bietet Tanz und Live-Musik.

Erfragen Sie die Öffnungszeiten der Veranstaltungsorte unter den angegebenen Rufnummern.

5 La Botica del Angel

Die in dem Museum in Montserrat *(rechts)* ausgestellten Tango-Memorabilien reichen von kitschig bis edel elegant.

4 Zivals

Wenn ein Tango je aufgezeichnet wurde, ist der Tonträger vermutlich auch im Sortiment von Zivals *(oben)*. Das Personal berät sowohl echte *aficionados* als auch jene, die nie ein *bandoneón* gesehen haben.

6 Chiquín

Schon Carlos Gardel *(siehe S. 28)* sang im Gastraum des Restaurants von 1905. Heute finden abendlich Tango-Vorführungen statt.

7 Piazzolla Tango

Der Name des gehobenen Lokals in der Galería Güemes *(siehe S. 39)* erinnert an den großen Tango Komponisten. Es bietet Dinnershows.

8 Mansión Dandi Royal

Die *milongas (oben)* in dem einzigartigen Hotel kann jeder besuchen. Die Mansión Dandi Royal verfügt über drei Tanzsäle. Bilder und Einrichtung beschwören die Glanzzeit des Tangos herauf.

Solo Tango TV

Solo Tango, ein Kanal, der sich Musik, Filmen und der Geschichte des Tangos widmet, ist über das Internet zugänglich. Der Sender besitzt umfangreiches Archivmaterial und die Rechte an allen neun Gardel-Filmen. Beim Einschalten erblickt man den Sänger oft, wie er in fremden Städten, ländlichen *estancias* und vornehmen Ballsälen romantischen Zauber verbreitet (www.tangocity.com; CableVision, Kanal 71).

9 Cementerio la Chacarita

Hier sind Legenden wie Carlos Gardel *(links)* und Osvaldo Pugliese begraben. Einer Tradition des Stadtteils Chacarita folgend, legen Besucher eine glimmende Zigarette in die Hand der Statue Gardels.

10 Comme il Faut

Tango-Experten aus aller Welt kennen Comme il Faut *(rechts)* als den besten Tanzschuhmacher. Falls gerade kein Mitarbeiter frei ist, kann man für die Anprobe einen Termin vereinbaren.

Weitere Tango-Clubs & Milongas **siehe S. 44f**

Links **Gotan Project** Rechts **Astor Piazzolla**

Top 10 Tango-Künstler

1 Carlos Gardel (1890–1935)

»Carlitos« wird immer Botschafter des Tangos bleiben. Der Fedora tragende *Porteño* schuf Hunderte Lieder über verlorene Liebe, Kränkung und umworbene Frauen. Sein 70. Todestag wurde in vier Ländern feierlich begangen: in Argentinien, Kolumbien, Frankreich und Uruguay.

2 Astor Piazzolla (1921–1992)

Der große Komponist führte den Tango – manche sagen gegen dessen Natur – ins Zeitalter des Jazz. Piazzolla war Vorreiter des Tango-Jazz-Quintetts und holte amerikanische Jazz-Größen zum Tango. Sein bekanntestes Stück ist der dramatische *Libertango*.

3 Juan Carlos Copes (geb. 1931)

Der einflussreiche Choreograph führte Messerkämpfe, Hafenszenen und *Bordello*-Besuche in Tango-Shows ein. Er verlieh dem Tanz die heute unverkennbare Theatralik.

4 Aníbal Troilo (1914–1975)

»Pichuco«, wie Troilo von Fans und Kollegen genannt wurde, war der Meister des *bandoneón*. Nach dem aus der Konzertina entwickelten Handzuginstrument richten sich die modernen komplizierten Tango-Schritte.

5 Osvaldo Pugliese (1905–1995)

Der Pianist und Komponist und seine Orchester wurden von Radio Mundo gespielt. Der staatliche Sender verhalf Pugliese Musik und seiner kommunistischen Haltung unter Perón *(siehe S. 32f)* zu landesweiter Aufmerksamkeit.

6 Horacio Ferrer (geb. 1933)

Ferrers Bücher dokumentieren die Geschichte des Tangos und seiner Formen. Das größte Vermächtnis werden jedoch einmal seine Texte sein – surreal und inbrünstig wie die Kompositionen Piazzollas, die sie begleiten.

7 Azucena Maizani (1902–1970)

Die *Canción*-Stimme der 1920er und 1930er Jahre kleidete sich gelegentlich nach der »Macho-Art« ihrer männlichen Kollegen. Sie spielte in Filmen mit Gardel und sang auf Tourneen, die sie bis nach New York führten.

Juan Carlos Copes in einer Aufführung an der Sorbonne

Astor Piazzolla verließ wegen der Kritik an seiner Musik das Land. Später belebte sein Tango Nuevo *den Tanz in Argentinien neu.*

Top 10 Melodien

1. La Cumparsita
2. Por una Cabeza
3. Mi Noche Triste
4. Silencio
5. El Carretero
6. Tomo y Obligo
7. Mi Buenos Aires Querido
8. Volvió una Noche
9. El Día que me Quieras
10. Guitarra Guitarra Mía

La Cumparsita

Zum Leidwesen der *Porteños* stammt die wohl berühmteste Tango-Melodie *La Cumparsita* aus Montevideo in Uruguay. Dort überreichte im Jahr 1917 ein armer Architekturstudent die damals noch ungehörte Partitur anonym einem Dirigenten. Erst als der Student später in Paris seine Komposition hörte, erkannte er seinen kapitalen Fehler: Er hatte die Rechte an seinem Stück für lächerliche 20 Pesos verkauft.

Der große Gardel

Carlos Gardel mag unter den Stimmen des frühen 20. Jahrhunderts weniger berühmt sein als Edith Piaf oder Al Jolson, in Argentinien wird er jedoch auf eine Art verehrt, die jeden Elvis-Kult in den Schatten stellt. Gardel verband Texte über Betrug, Trunkenheit und Buenos Aires mit den gefühlvollen Gitarrenklängen des Tangos. Er wurde vermutlich 1890 als Charles Romuald Gardès im französischen Toulouse geboren, einige Quellen nennen Uruguay als Heimat. Sicher ist, dass Gardel im Viertel Abasto in Buenos Aires aufwuchs. Die dortigen Straßenhändler und Gauner boten reichlich Inspiration für seine Lieder. Das von Gardels Charme bezauberte europäische Publikum stärkte das Ansehen des Tangos bei Buenos Aires' Oberschicht. Gardel starb 1935 bei einem Flugzeugunglück. Die Tragödie machte ihn zur Legende.

Poster des Tango-Stars Carlos Gardel

8 Casimiro Ain (1882–1940)

Gardel hätte niemals Europa erobert, wäre nicht der Tänzer Casimiro Ain 1904 in den Pariser Theatern aufgetreten. Der Sohn eines Milchmanns aus Buenos Aires bezauberte das Publikum mit der damals unbekannten Kunstform, die er *Tango criollo* (»kreolischer Tango«) nannte. Bei einem späteren Paris-Besuch konnte Ain die Erzbischöfe davon überzeugen, dass Tango kein »sündiger« Tanz ist.

9 Carlos Saura (geb. 1932)

Der spanische Regisseur und Choreograph ist vor allem für seine *Flamenco*-Trilogie berühmt. Der Film *Carmen* (1983) zeigt den Flamenco-Star Antonio Gades in der Hauptrolle. Sauras höchst konzeptionelles, international aufgeführtes, kontroverses Werk *Tango* (1998) förderte die weltweite Renaissance des Tanzes.

10 Gotan Project

Die unkonventionelle Gruppe aus *Porteños* und Pariser Musikern spielt »Electrotango«, der Elemente und Rhythmen von Hip-Hop und Dub mit sinnlichem Gesang und dem *bandoneón* verbindet. Ihr erstes Album *La Revancha del Tango* gilt als das wirkungsvollste. Der Bandname ist ein Wortspiel aus dem Lunfardo und durch Silbenvertauschung aus dem Wort Tango entstanden.

Tango-Lexikon **www.tango-argentinien.com**

Arte
Latinoamericano
siglo XX
Douglas Gordon
Timeline | Línea de tiempo

Monica Giron

Links **Bombardierung der Plaza de Mayo** Rechts **Cacerolazo im Dezember 2001**

Top 10 Etappen der Geschichte

1 1536: Pedro de Mendoza gründet Buenos Aires

Der spanische Forscher segelt mit einer 1600 Mann starken Expedition den Río de la Plata hinauf und gründet die Siedlung Nuestra Señora Santa María del Buen Aire. Diese wird wegen Hungersnot und Angriffen der indigenen Querandí 1541 aufgegeben und 1580 wiedergegründet.

2 1810: Mai-Revolution

In Buenos Aires beginnt die Lösung der Region von Spanien. Am 25. Mai 1810 wird der spanische Vizekönig von einer revolutionären Junta gestürzt. General José de San Martín führt den folgenden Krieg, der 1816 mit der Unabhängigkeitserklärung endet.

3 1877: Lieferung gefrorenen Rindfleischs nach Europa

Die Verschiffung tiefgefrorener Ware macht Argentinien zu einer der reichsten Nationen der Welt. Das kräftige Wirtschaftswachstum ermöglicht die Umgestaltung von Buenos Aires nach europäischem Vorbild. Neue Parks, Plazas und Villen machen die Stadt zum »Paris Südamerikas«.

4 1917: Carlos Gardel spielt »Mi Noche Triste« ein

Seit den 1890er Jahren ist Tango die Musik der Slumbewohner in Buenos Aires. 1917 bewirkt die erste Aufnahme eines gesungenen Tangos den Umschwung: Gardel wird Weltstar und macht die Musik in Paris salonfähig.

5 1952: Tod von Eva María Duarte de Perón

1946 revolutioniert Juan Domingo Perón Argentinien: Er gewinnt die Unterstützung der armen Bevölkerung der Städte und startet eine politische Bewegung zur Hegemonialmacht. Seine zweite Frau »Evita« ist Schlüssel seiner Popularität. Sie wird von den Mittellosen überaus verehrt. Ihr Tod 1952 löst so große nationale Trauer aus, dass die Feierlichkeiten um vier Tage verlängert werden.

Präsident Juan Domingo Perón mit seiner Frau Eva

6 1955: Bombardierung der Plaza de Mayo

Nach 1952 sorgt Peróns Regime für Unruhe: Büros der Opposition werden zerstört, Zeitungen geschlossen, die katholische Kirche wird angegriffen. 1955 droht Perón seinen Gegnern mit Bürgerkrieg. In der

Vorhergehende Doppelseite **Lobby des Museo de Arte Latinoamericano de Buenos Aires (MALBA)**

Diego Maradona

»Befreiungsrevolution« bombardiert die Luftwaffe die Plaza de Mayo und entmachtet Perón.

7 1983: Rückkehr der Demokratie

Die Militärdiktatur (1976–83) lässt das Land verrohen. Linke Guerrillas werden ausgeschaltet, mutmaßliche Staatsfeinde verhaftet, in versteckten Lagern gefoltert und getötet. Auf die Niederlage Argentiniens im Falklandkrieg 1983 folgt eine Zivilregierung.

8 1986: Weltmeisterschaft

Argentiniens Sieg bei der Fußballweltmeisterschaft 1986 ist Balsam für das sich von der Militärdiktatur erholende Land. Diego Maradona *(siehe S. 58)* wird zur neuen Identifikationsfigur.

9 1992: Bombenanschlag auf die israelische Botschaft

Bei einem Anschlag auf die Botschaft von Israel sterben 29 Menschen. Im Jahr 1994 fordert der antisemitische Angriff auf das jüdische Kulturzentrum Asociación Mutual Israelita Argentina (AMIA) 85 Menschenleben.

10 2001: Dezember-Cacerolazo

Die Auslandsverschuldung der 1990er Jahre gipfelt 2001 im Crash. Der Staat behält Privatvermögen ein. Präsident Fernando de la Rúa tritt zurück, als Massenaufstände 27 Leben fordern.

Top 10 Literaten

1 Jorge Luis Borges (1899–1986)
Der berühmte Literat verfasste *Das Aleph* und *El Milagro Secreto (siehe S. 59).*

2 Adolfo Bioy Casares (1914–1999)
Das bekannteste Werk des großen Schriftstellers ist der Roman *Morels Erfindung.*

3 Victoria Ocampo (1890–1979)
Die Feministin gründete 1931 die Kulturzeitschrift *Sur.*

4 Tomás Eloy Martínez (1934–2010)
Martínez schrieb die historischen Romane *Santa Evita* und *La Novela de Perón.*

5 Julio Cortázar (1914–1984)
Von Cortázar stammt der experimentelle Roman *Rayuela.*

6 José Hernández (1834–1886)
Hernández ist Autor des Epos *Martín Fierro.*

7 Domingo Faustino Sarmiento (1811–1888)
Er schuf den »ersten« argentinischen Roman *Facundo.*

8 Manuel Puig (1932–1990)
Puig verfasste Romane der Popkultur, darunter *Der Kuss der Spinnenfrau.*

9 Ernesto Sábato (1911–2011)
Der Autor von *Der Tunnel* erstellte auch *Nunca Más*, den offiziellen Bericht über Übergriffe der Diktatur von 1976 bis 1983.

10 Jacobo Timerman (1923–1999)
Prisoner Without a Name, Cell Without a Number protokolliert die eigenen Erfahrungen des Autors im »Schmutzigen Krieg«.

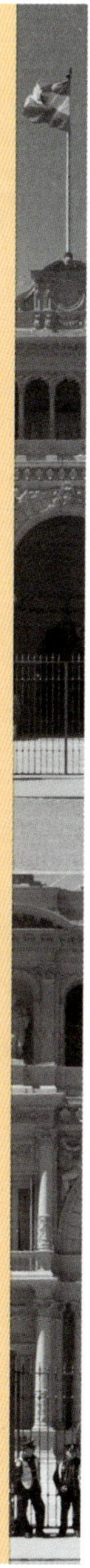

In der Verfilmung des Musicals Evita *von Andrew Lloyd Webber (1996) spielt Madonna die Präsidentengattin.*

Links **Canal 7** Mitte **Biblioteca Nacional** Rechts **Automóvil Club Argentina**

TOP 10 Beeindruckende Bauwerke

1 Edificio Kavanagh

Das Art-déco-Wahrzeichen ist eines der elegantesten Bauwerke in Buenos Aires. Bei der Fertigstellung 1936 war es das höchste Gebäude Argentiniens. Die Gestaltung in Form eines Dreiecks, dessen Spitze eine Straße in zwei Arme teilt, ist einzigartig. *Karte Q5 • Calle Florida 1065*

2 Palacio de las Aguas Corrientes

Das viktorianische Gebäude birgt eines der wohl unterhaltsamsten Museen der Stadt, das Wasserhähne aus Messing, Toiletten und andere Klempner-Utensilien aus dem frühen 20. Jahrhundert präsentiert. Den Córdoba-Eingang zieren Pflanzenmotive aus Terrakotta. *Karte N5 • Calle Riobamba 750 • 6319-1104 • Mo–Fr 9–13 Uhr • frei • www.aysa.com.ar*

3 Palacio Barolo

Der Palacio Barolo wurde von Dantes *Göttlicher Komödie* inspiriert: Die 100 Meter Bauhöhe spiegeln die Anzahl Gesänge, die 22 Stockwerke entsprechen deren üblicher Verszahl. Den Bogengang in der Lobby zieren Drachenköpfe und Darstellungen des Fegefeuers *(siehe S. 14)*.

4 Biblioteca Nacional

Das Gebäude der argentinischen Nationalbibliothek ist das herausragende architektonische Werk in Palermo Chico. Es wurde 1992, drei Jahrzehnte nach Beginn der Arbeiten, fertiggestellt. Die Bibliothek beherbergt drei Millionen Bände. Besucher benötigen einen Lichtbildausweis, um in den Lesesaal zu gelangen. Dieser bietet eine atemberaubende Aussicht. *Karte N3 • Plaza Rubén Darío, Calle Agüero 2502 • 4808-6000 • Mo–Fr 9–21 Uhr, Sa & So 12–19 Uhr • www.bn.gov.ar*

5 Banco Hipotecario Nacional

Die an Schweizer Käse erinnernde Fassade des ungewöhnlichen Gebäudes ist die exakte Realisierung eines rationalistischen Entwurfs aus den 1960er Jahren. *Karte Q6 • Calle Reconquista 101*

6 Confitería El Molino

Das einstige Tango-Lokal gegenüber dem Kongressgebäude erinnert an die Kaffeehauskultur von Buenos Aires. Es ist seit den

Palacio Barolo

1990er Jahren geschlossen. Der Name geht auf den Windmühlenturm zurück, der dem des Moulin Rouge ähnelt. Viele der italienischen Buntglasfenster sind noch intakt. ✎ *Karte D1 • Ecke Avda. Rivadavia & Avda. Callao*

Floralis Genérica

7 Automóvil Club Argentina

Den Hauptsitz des Argentinischen Automobilclubs, ein Paradebeispiel formeller Architektur, entwarf der einheimische Architekt Alejandro Bustillo. Einige der Oldtimer in der Ausstellung auf Höhe der Lobby besitzen historischen Wert. ✎ *Karte N3 • Avda. del Libertador 1850 • 4801-1837 • Mo–Fr 10–17.30 Uhr • www.aca.org.ar*

8 Sociedad La Rural

Seit 1878 bietet La Rural in Palermo Pampa-Atmosphäre: Die jährliche Landwirtschaftsmesse *(siehe S. 42f)* lockt Aussteller und Besucher aus dem ganzen Land. Opera Pampa ist eine Dinnershow mit mittelalterlicher Reitkunst und Shoppinggelegenheit. ✎ *Karte L2 • Avda. Sarmiento 2704 • 4777-5500 • Opera Pampa: 4777-5557; Do, Fr & Sa 20 Uhr; Eintritt • www.la-rural.com.ar*

9 Canal 7

Das Dach des bekanntesten staatlichen Fernsehsenders ist zugänglich. Der Betongarten im Bauhausstil kontrastiert mit dem üppigen Grün der Plaza de Uruguay auf der anderen Straßenseite. In der Eingangshalle stellen argentinische Künstler oft Werke aus. ✎ *Karte N3 • Avda. Figueroa Alcorta 2977 • 4808-2500 • Mo–Fr 10–18 Uhr • www.canal7.com.ar*

10 Floralis Genérica

Mit der Installation dieses Werkes 2002 beförderte der argentinische Bildhauer Ecuardo Catalano die öffentliche Kunst der *Porteños* ins Zeitalter der Technik. Die gigantischen Blütenblätter der »Blume« aus Aluminium und Stahl öffnen sich um acht Uhr morgens und schließen sich in der Abenddämmerung. An Feiertagen »blüht« sie rund um die Uhr. ✎ *Karte N3 • Plaza Naciones Unidas, Avda. Figueroa Alcorta & Calle Austria*

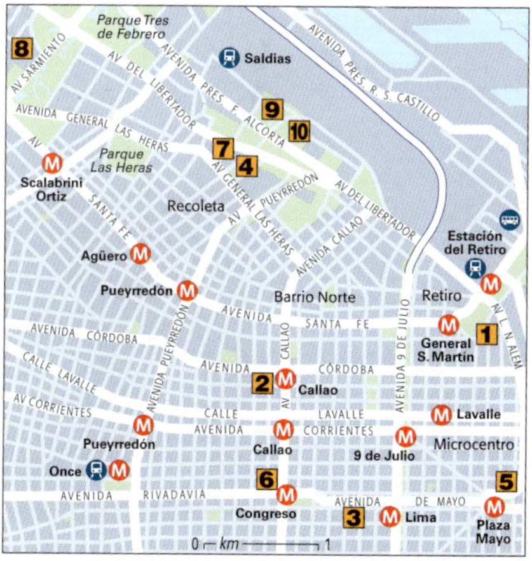

Die Floralis Genérica *ist 23 Meter hoch. Bei geschlossener Blüte beträgt der Durchmesser 16 Meter, bei geöffneter 32 Meter.*

Links **Plaza Lavalle** Rechts **Parque Las Heras**

TOP 10 Plätze & Parks

1 Plaza Rodríguez Peña

Jeden Herbst verwandeln blühende Jacarandabäume die Wege und Rasenflächen der Plaza in einen herrlichen violetten Blütenteppich – eine wahre Augenweide. Nach einer Shoppingtour bietet die nicht weit von der geschäftigen Kreuzung der Avenidas Santa Fe und Callao gelegene Oase der Ruhe Entspannung. *Karte N5 • Barrio Norte*

2 Plaza Lavalle

Die Plaza Lavalle ist einer der ältesten Plätze der Stadt. Zu den bedeutenden Gebäuden ringsum gehören das Teatro Colón *(siehe S. 12f)* und der Palacio de Justicia (Justizpalast). Im Nordwesten steht die größte Synagoge der Stadt, der Templo Libertad. *Karte P5 • Barrio Norte*

3 Plaza San Martín

Den nach dem argentinischen Unabhängigkeitskämpfer José de San Martín benannten Platz besuchen wochentags sonnenhungrige Büroangestellte und verliebte Paare. In der Mitte des großen und schönen Areals steht ein prachtvoller, rund 200 Jahre alter Gummibaum. Die breite Altane östlich des Baums bietet Blick auf Retiro. Auf dem Platz befinden sich außerdem ein Denkmal zu Ehren der im Falklandkrieg 1982 gefallenen argentinischen Soldaten und eine Bronzestatue von General San Martín *(siehe S. 81)*.

4 Plaza Vicente López

Die bezaubernde Plaza erinnert an die eleganten Plätze in Paris und London. Einst wurden hier die blutigen Kadaver aus dem Schlachthaus von Recoleta gelagert. Heute präsentiert sich der von Wegen durchzogene Platz mit gepflegten Grünflächen, tropischen Bäumen und Vogelgezwitscher – ein perfekter Ruheort. Es gibt auch einen Kinderspielplatz. *Karte P4 • Recoleta*

5 Jardín Botánico Carlos Thays

Buenos Aires' Botanischer Garten vereint hohe Gartenbaukunst mit unberührter Natur. Die von dem französischen Landschaftsarchitekten Carlos Thays gestaltete Anlage wurde 1898 eröffnet. Zwischen den über 5500 Pflanzen aus aller Welt stehen klassizistische Statuen und Brunnen. *Karte L3 • Palermo*

Jardín Botánico Carlos Thays

Im Jardín Botánico finden an den Wochenenden kostenlose kulturelle Veranstaltungen wie z. B. Tango-Vorführungen statt.

6 Plazoleta Carlos Pellegrini

Das eindrucksvolle Denkmal im Zentrum des Platzes schuf der französische Bildhauer Félix Coutan 1914 aus Bronze und Marmor. Es zeigt den Präsidenten Carlos Pellegrini von Allegorien des Fortschritts flankiert. Die Republik steht schützend über dem Präsidenten. *Karte P4 • Recoleta*

Plaza Serrano

7 Parque Las Heras

Der Park ist eine kühle Oase im Zentrum Palermos. Der grasbedeckte Hang im Norden des Areals, der zur Avenida Las Heras hinunterführt, ist eine beliebte Liegewiese für spärlich bekleidete sonnenbadende *Porteños*. *Karte M3 • Palermo*

8 Plaza Mitre

Der abschüssige Platz führt zur Avenida Libertador. Er bietet schöne Sicht über die Parks von Recoleta in Richtung Retiro. Den Sockel des Denkmals von Bartolomé Mitre, 1862 erster Präsident der Argentinischen Republik und Gründer der Zeitung *La Nacion*, schmücken allegorische Figuren. *Karte N4 • Recoleta*

9 Plaza Francia

Der samstags und sonntags hier neben dem Cementerio de la Recoleta stattfindende Kunsthandwerksmarkt ist der größte von Buenos Aires. Er lockt Straßenkünstler, Kunsthandwerker, Kunstfreunde und Urlauber. Von 15 bis 18 Uhr herrscht Hochbetrieb. Ein Besuch macht viel Vergnügen. *Karte N3 • Recoleta*

10 Plaza Serrano

Der offizielle Name des kleinen runden Platzes im Zentrum von Palermo Viejo lautet Plaza Julio Cortázar und erinnert an den argentinischen Schriftsteller. Am Wochenende bieten Designer auf einem Kunstmarkt ihre Kreationen an. Die Plaza ist gesäumt von Ateliers, Modeläden und Bars, die sich abends für einen Drink anbieten *(siehe S. 89)*.

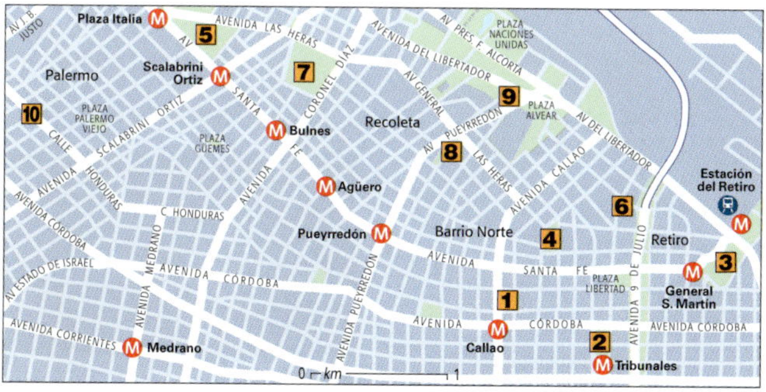

Die meisten Parks sind täglich von 10 bis 19 Uhr geöffnet.

Links **Casa López** Mitte **Ladenschild von Plata Lappas** Rechts **El Boyero**

TOP 10 Kunsthandwerksläden

1 Kelly's

Der seit über 50 Jahren bestehende Kunsthandwerksladen in Retiro bewahrte schon viele Urlauber davor, Buenos Aires ohne Souvenir zu verlassen. Er bietet einheimische Lederwaren und von der Pampa inspirierte Gemälde, vor allem aber tolle *Mate*-Becher in verschiedenen Formen und Größen. *Karte Q5 • Calle Paraguay 521 • 4311-5712 • Mo–Fr 10–20 Uhr, Sa 10–15 Uhr*

2 Mission

Inmitten der trendigen Boutiquen und schicken Restaurants an der Plaza Serrano verströmt Mission Pampa-Flair. Hier gibt es Lederhandtaschen, Holzmöbel und Steakmesser nach Gaucho-Art. Patchworkteppiche aus Rindsleder werden maßgefertigt. *Karte K3 • Pasaje Russell 5009 • 4832-3285 • tägl. 11–19 Uhr*

3 Casa López

Für viele *Porteñas* ist Casa López die einzig wahre Adresse, um eine Lederhandtasche zu erwerben. Der Laden bietet elegante handgefertigte Modelle in vielen Stilrichtungen. In Nr. 658 ist edle Ledermode erhältlich – von Kombinationen aus Rock und Jacke bis zu langen Mänteln. *Karte Q5 • Calle Marcelo T. de Alvear 640 • 4311-3044 • Mo–Fr 9–20 Uhr, Sa & So 10–18.30 Uhr • www.casalopez.com.ar*

Kunsthandwerk bei Kelly's

4 Plata Lappas

Plata Lappas verkauft erlesene Silberwaren wie Sektkühler samt Gläsern, aber auch Porzellan und silberverzierte Kalebassen aus Rinderhorn gehören zum Sortiment. *Karte Q5 • Calle Florida 740 • 4325-9568 • Mo–Fr 9–20 Uhr, Sa 8.30–13 Uhr • www.lappas.com*

5 El Boyero

Das Angebot umfasst Los-Robles-Beuteltaschen und Accessoires, handgearbeitete Gaucho-Messer, lederne Weinflaschenbehälter und Tornister. *Karte Q5 • Calle Florida 953 • 4312-3564 • Mo–Sa 9–20.30 Uhr • www.elboyero.com*

6 Joyería Contemporánea Paula Levy & Viviana Carriquiry

Der gemeinsame Verkaufsraum der Juwelierinnen präsentiert avantgardistischen Silberschmuck zu vernünftigen Preisen. Die einzigartigen Halsketten, Anhänger und Armbänder entstehen in der Werkstatt im oberen Stock. *Karte K3 • Calle Nicaragua 4519 • 4833-7430 • Di–So 11–20 Uhr*

Joyería Contemporánea

Paula Levy & Viviana Carriquiry im Internet
www.paulalevyjoyas.com.ar & www.vivianacarriquiry.com.ar

Gürtel, Ramos Generales

7 La Vitrina

La Vitrina ist wohl die beste Adresse für Kunsthandwerk in Retiro. In dem unprätentiösen Laden kann man echte Schnäppchen machen, vor allem bei den gewebten Wandbehängen und der Kinderbekleidung. *Karte Q5 • Calle Marcelo T. de Alvear 566 • 4313-7488 • tägl. 10.30–19 Uhr*

8 Estación Sur

Ob Kerzenhalter aus Silber, Figurinen aus Holz oder breitkrempige Hüte aus Leder: Bei den etwa 300 auf drei Etagen ausgestellten Produkten argentinischer Kunsthandwerker wird man sicher fündig. Die handgefertigten Ledersättel sind hervorragend. *Karte Q5 • Calle Florida 680 • 4328-7189 • tägl. 10–20 Uhr*

9 Ramos Generales

Der Laden bietet die erlesenste Auswahl an Kunsthandwerk in der Stadt. Neben allerlei Lederwaren und Pullovern aus Alpakawolle finden Sie hier auch die traditionellen Filzhüte der Gauchos. *Karte Q5 • Galerías Larreta, Calle Florida 971 • Mo–Sa 10–18 Uhr*

10 Isaac Katz

Isaac Katz integriert Halbedelsteine in wunderbare Silberringe und filigrane Anhänger. Die Modelinie seiner Frau, die ebenfalls im Laden präsentiert wird, lädt gleichermaßen zum Stöbern ein. *Karte K3 • Pasaje Russell 5027 • 4833-7165 • Mo–Sa 10–20 Uhr*

Top 10 Shoppingcenter

1 Galerías Pacífico
Hier findet man Alltagsdinge von Luxusmarken. *Karte Q5 • Línea B Florida 61/62 & 93*

2 Abasto Shopping
Die Mall birgt 230 Läden, ein Kino mit zwölf Sälen, einen Food Court und einen Vergnügungspark. *Karte L6 • Avda. Corrientes 3247 • 4959-3400*

3 Alto Palermo
Alto Palermo ist das angesagteste Shoppingcenter der Stadt. *Karte M4 • Avda. Santa Fe 3253 • 5777-8000*

4 Buenos Aires Design
Die Mall bietet hochwertige Haushaltswaren. *Karte N3 • Ecke Avda. Pueyrredón & Calle Azcuenaga • 5777-6000*

5 La Rural
Hier findet man u. a. hochwertige Gaucho-Messer und Satteltaschen *(siehe S. 88)*.

6 Galería Bond Street
Geboten werden Tattoos, Piercings sowie Skateboard- und Club-Outfits. *Karte N5 • Avda. Santa Fe 1670*

7 Patio Bullrich
Die opulenteste Mall der Stadt umfasst ca. 1860 Läden. *Karte P4 • Avda. del Libertador 750 • 4814-7400*

8 Paseo Alcorta
Vier Etagen präsentieren heimische Marken. *Karte M2 • C. Salguero 3172 • 5777-6500*

9 Galería Güemes
Die eleganten Arkaden mit viel *Porteño*-Flair bergen das Piazzolla Tango *(siehe S. 27)*. *Karte Q6 • Calle Florida 165 • 4331-3041*

10 Galería 5ta Avenida
Erstehen Sie Lederwaren und Vintage-Mode aus zweiter Hand. *Karte P5 • Avda. Santa Fe 1270 • 4816-0451*

Isaac Katz im Internet **www.isaackatz.com.ar**

Links **Museo de la Deuda Externa** Rechts **Bücherregal im Museo Casa de Ricardo Rojas**

TOP 10 Kleine Museen

1 Fundación Forner-Bigatti

Das schlichte weiße Haus erlaubt Einblick in das Werk der einheimischen Avantgarde-Künstler Raquel Forner und Alfredo Bigatti. In den einstigen Werkstätten und im Garten sind Fotos, Gemälde und Skulpturen ausgestellt. *Karte F3 • Calle Bethlem 443 • 4362-9171 • Öffnungszeiten tel. erfragen • www.forner-bigatti.com.ar*

2 Colección de Arte Amalia Lacroze de Fortabat

Das faszinierende Gebäude sticht im betont eleganten Gewerbegebiet von Puerto Madero Este erfrischend hervor. Es birgt über 1000 Werke argentinischer Künstler. *Karte R6 • Dique 4 • 4310-6600 • Di–So 12–21 Uhr • Eintritt • www.coleccionfortabat.org.ar*

Skulptur, Fundación Forner-Bigatti

3 Museo Casa de Ricardo Rojas

Das Haus wurde nach dem Tod des argentinischen Literaturprofessors 1957 im Originalzustand erhalten. Der neokoloniale Stil geht auf Rojas' Studien einheimischer Bauweise und der jesuitischer Missionen in Peru zurück. *Karte M4 • Calle Charcas 2837 • 4824-4039 • Mo–Fr 10–18.30 Uhr, Sa 10–12.30 Uhr • Eintritt • www.cultura.gov.ar*

4 Museo Histórico de Cera

Das Wachsmuseum – das Steckenpferd eines Kunstprofessors – hat besonderen Charme. Es zeigt Fußballidole neben Helden der Mai-Revolution *(siehe S. 32)*, Literaten und anderen Berühmtheiten. *Karte G6 • Calle del Valle Iberlucea 1261 • 4301-1497 • Mo–Fr 10–18 Uhr, Sa & So 11–20 Uhr • Eintritt • www.museodecera.com.ar*

5 Museo de la Policía Federal de Argentina

Nach Betreten des skurrilen, beinahe etwas unheimlichen Museums trifft man auf einige Puppen in Polizeiuniformen. Weitere Exponate beschäftigen sich mit Themen wie Drogenmissbrauch und Glücksspiel. Zu sehen sind auch Fotografien und Berichte von Mordfällen und sogar die Nachbildung einer exhumierten zerstückelten Leiche. *Karte F1 • Calle San Martín 353 (oberste zwei Stockwerke) • 4394-6857 • Mo–Fr 14–18 Uhr*

Wachsfiguren im Museo Histórico de Cera

Nach dem Literaten Ricardo Rojas ist ein Kulturzentrum der Universidad de Buenos Aires benannt **www.rojas.uba.ar**

6 Museo de Artes Plásticas Eduardo Sivori

Das Museum birgt eine umfangreiche und bunte Sammlung argentinischer Malerei und Bildhauerei vom 19. Jahrhundert bis heute. Der angrenzende Skulpturengarten ist ein ruhiger und besinnlicher Ort. ✎ *Karte L1 • Avda. Infanta Isabel 555 • 4774-9452 • Di–Fr 12–20 Uhr, Sa & So 10–20 Uhr • Eintritt (Mi & Sa frei) • www.museosivori.org.ar*

7 El Zanjón

Die Wassertunnel und Fundamente unter der Villa El Zanjón wurden in den 1980er Jahren bei Abrissarbeiten entdeckt. Heute sind die schön beleuchteten Anlagen eine charmante Attraktion in San Telmo. In den Tunnels finden mitunter Veranstaltungen statt *(siehe S. 75)*.

8 Museo del Cine Pablo Ducrós Hicken

Das seit 40 Jahren bestehende Filmmuseum geht über die üblichen Ausstellungen alter Plakate hinaus. Es bietet spannende Präsentationen, die z. B. erläutern, wie argentinische Komödianten vom Theater zum Film wechselten. In Kooperation mit anderen Häusern der Stadt werden Filmreihen gezeigt. Im August 2011 bezog das Museum seine neue Heimstatt. ✎ *Karte H5 • Calle Agustín R. Caffarena 49, La Boca • 4303-2882 • Mo–Fr 11–18 Uhr, Sa & So 10–19 Uhr • Eintritt (Mi frei) • www.museodelcine.gov.ar*

9 Museo de la Deuda Externa

Das kleine, aber bedeutende Museum ist im Keller des Gebäudes der Wirtschaftswissenschaften der Universität ansässig. Es verdeutlicht die Berg-und-Talfahrt der argentinischen Wirtschaft durch die Auslandsverschuldung

Das wunderbar beleuchtete El Zanjón

2001 *(siehe S. 33)* mit eindrucksvollen Filmmontagen und Schlagzeilen. ✎ *Karte N5 • Centro Cultural Ernesto Sábato, Calle Uriburu 763 • 4370-6105 • Mo–Fr 12–20 Uhr • Eintritt • www.uba.ar/extension/contenidos.php*

10 Museo Fragata Sarmiento

Der nach dem Gründer der argentinischen Marineschule, dem Präsidenten D. F. Sarmiento, benannte Klipper aus dem Jahr 1898 liegt heute in Dock 3. Das Schiff ist zu besichtigen. ✎ *Karte G2 • Calle Alicia M. Justo 900 • 4334-9386 • tägl. 10–19 Uhr • Eintritt*

Argentinische Kunst im Museo de Arte Latinoamericano de Buenos Aires (MALBA) **siehe S. 22f**

Links **Tango in San Telmo** Rechts **Besuchermenge auf dem Creamfields-Festival**

Top 10 Festivals

1 Carnaval
Ein Fest der Trommeln und Tänzer: Jedes Viertel hat eine eigene Parade, die *murgas* (Karnevalsmusiker) wetteifern um den Titel der Jahresbesten. *Mitte Feb*

2 Apertura de la Opera
Anfang März geht in dem für die exzellente Akustik berühmten Teatro Colón *(siehe S. 12f)* der Vorhang für Opernaufführungen auf. Die Saison dauert bis Dezember. *www.teatrocolon.org.ar*

3 Fashion Week Buenos Aires
Zweimal jährlich, jeden März und September, präsentieren Designer vier Tage lang ihre Sommer- bzw. Winterkollektionen. In über 30 Modenschauen und mehr als 40 Ausstellungsräumen werden Trends gezeigt. *www.bafweek.com*

4 Festival Internacional de Cine Independiente
Das Festival des unabhängigen Films zeigt Produktionen aus Argentinien und der ganzen Welt. Zwölf Tage lang besuchen ca. 250 000 Kinoliebhaber Filme, die um den prestigeträchtigen *Gran Premio* konkurrieren. An verschiedenen Orten der Stadt finden täglich Vorführungen, Seminare und Workshops statt. *Mitte Apr • www.bafici.gov.ar*

5 Feria Internacional del Libro de Buenos Aires
Die riesige Messe besuchen Autoren und Leseratten. 18 Tage lang werden an zahllosen Ständen Publikationen jedes Genres verkauft sowie Seminare und Lesungen veranstaltet. Doris Lessing, Paul Auster, Ray Bradbury und Tom Wolfe gehörten bereits zu den Gästen.
Ende Apr • www.el-libro.org.ar

6 Quilmes Rock Festival
Das viertägige Festival findet im Estadio Monumental Antonio Vespucio Liberti am Río de la Plata statt. Zu den Stars zählten schon Aerosmith, Kiss, Ozzy Osbourne und Queens of the Stone Age. Es empfiehlt sich, Tickets frühzeitig online zu erwerben.
Jan/April • www.ticketek.com.ar

7 La Rural
Die Messe lockt Landwirte aus Argentinien und aller Welt an. Die Ausstellungen reichen von

Opernpublikum im Teatro Colón

Zeiten der Festivals unterliegen Änderungen. Informationen bietet die Website des Fremdenverkehrsamts **www.bue.gov.ar**

Fashion Week Buenos Aires

neuen Maschinen bis hin zu gentechnisch veränderten Lebensmitteln, Vieh und biologischen Erzeugnissen. Gauchos zeigen ihre Reitkunst *(siehe S. 88)*. ⌚ *Ende Juli • www.ruralarg.org.ar*

8 Festival de Tango y Mundial de Baile

Während des größten Tango-Festivals von Buenos Aires (und der Welt) finden kostenlose Vorführungen, Konzerte, Kurse und Messen statt. Der achttägige Marathon endet mit einer großen Open-Air-*milonga*. ⌚ *Mitte Aug • www.mundialdetango.gob.ar*

9 Marcha del Orgullo Gay

Die Parade feiert sexuelle Vielfalt und ist zugleich Demonstration für mehr Rechte. Schwule, Lesben und Transsexuelle ziehen auf schillernden Festwagen durch die Stadt. Disco- und Dancebeats begleiten die Orgie aus Pink, Glitzer und viel nackter Haut. ⌚ *erster Sa im Nov • www.marchadelorgullo.org.ar*

10 Creamfields

Das Open-Air-Festival der Dance Music zieht jedes Jahr viele Musiker und Fans an. Einheimische DJs legen zusammen mit internationalen Größen auf. Paul Oakenfold, Groove Armada und The Prodigy traten bereits auf. ⌚ *Nov • www.creamfieldsba.com*

Top 10 Moderne argentinische Filme

1 La Historia Oficial (1985)

Der Film über das Schicksal der während der Militärdiktatur *(siehe S. 33)* »Verschwundenen« ist oscarprämiert.

2 El Viento se Llevó lo Que (1998)

Die Komödie spielt in einem Dorf, das nur über Filme Kontakt zur Außenwelt besitzt.

3 Nueve Reinas (2000)

Im krisengeschüttelten Buenos Aires warten zwei Gauner auf den großen Coup.

4 El Hijo de la Novia (2001)

Ein Sohn, dessen Welt aus den Fugen gerät, findet überraschend Trost in der Liebe des Vaters zur kranken Mutter.

5 Los Guantes Mágicos (2003)

Die Tragikomödie schildert die Verlusterlebnisse und die Einsamkeit eines Taxifahrers.

6 Cama Adentro (2004)

Das Drama erzählt von der Abhängigkeit eines Aristokraten von seinem Dienstmädchen während der Krise 2001.

7 El Abrazo Partido (2004)

Ein junger jüdischer *Porteño* sucht nach 2001 nach seiner Identität.

8 La Niña Santa (2004)

Ein 16-jähriges Chormädchen erlebt die Schuldgefühle des sexuellen Erwachens.

9 Derecho de Familia (2005)

Ein junger Vater lotet das Verhältnis zu seinem Vater aus.

10 Bombón El Perro (2005)

Die Helden des Roadmovies sind ein arbeitsloser Mechaniker und sein Pitbull-Terrier.

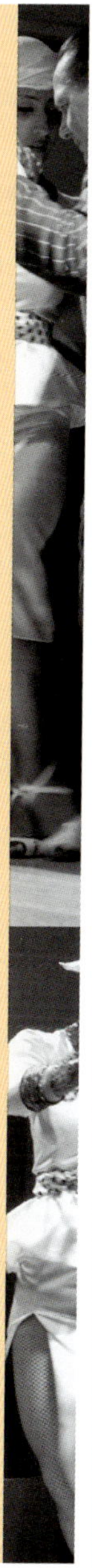

Kritiken argentinischer Filme & Programme (auf Spanisch)
www.cinenacional.com

Links **Salón Canning** Rechts **Nuevo Salón La Argentina**

Tango-Clubs & Milongas

1 Centro Cultural Torquato Tasso

Abendkonzerte in dem kleinen Lokal bieten großartigen Live-Tango: Das Spektrum der Musiker reicht von Akkordeonspielern über Flötisten bis zu Vokalisten wie der argentinischen Starsängerin Adriana Varela. Vor den Aufführungen finden Kurse statt. Auch die sonntägliche *milonga* lohnt den Besuch. *Karte F4 • C. Defensa 1575, San Telmo • 4307-6506 • Eintritt • www.torquatotasso.com.ar*

2 El Querandí

In dem schön restaurierten Gebäude (1867) in San Telmo finden abendliche Tango-Shows statt. Die Aufführungen verbinden Tango und Theater. Sie erzählen die Geschichte des Tanzes von der Entstehung in den *bordellos* über die Akzeptanz bei der Bourgeoisie bis zur Erneuerung durch Astor Piazzolla *(siehe S. 28)*. Die Atmosphäre ist gemütlich und romantisch. *Karte F2 • Calle Perú 322, San Telmo • 5199-1770 • Eintritt • www.querandi.com.ar*

Tango-Show bei El Querandí

3 Tanguería El Beso

Die *milongas* in dem netten kleinen Lokal besuchen Einheimische und Urlauber, das Alter der Tänzer reicht von 18 bis 80. Das Parkett ist in Laternenlicht getaucht, an der hufeisenförmigen Bar gibt es hausgemachte Pasta und Wein. Donnerstags kommen viele Urlauber, Dienstagabende sind mit elegantem Dresscode traditionell gehalten. Sonntag ist der beliebteste Abend. *Karte D2 • Calle Riobamba 416 (1. Stock), Once • 4953-2794 • Eintritt*

4 Niño Bien

Der Belle-Époque-Ballsaal ist Schauplatz traditioneller *milongas*: Hier fordern nur die Männer durch Nicken und Gesten auf, beim Tanzen halten die Paare Augenkontakt, während sie umgreifen – alles andere gilt als Fauxpas. Die Atmosphäre ist äußerst nostalgisch. Zu den Gästen zählen viele Urlauber. *Karte D3 • C. Humberto 1° 1462, Constitución • 4342-5599 • Do 22–4 Uhr*

5 Café de los Angelitos

Das 1890 eröffnete Café erhielt den Beinamen »Kleine Engel« in den 1920er Jahren, als es bei der örtlichen Mafia beliebt war. Heute finden in dem Café Shows im Cabaretstil statt, bei denen die von einem sechsköpfigen Orchester begleiteten Tänzer atemberaubende Tangos bieten. Nach der Vorstellung lockt die Bar, die mit Buntglaswänden und Mosaikboden gestaltet ist. *Karte C1 • Avda. Rivadavia 2100, Congreso • 4314-1121 • Eintritt • www.cafedelosangelitos.com*

Milonga *ist sowohl die Bezeichnung für eine Vorläufervariante des Tangos als auch für einen Tanzabend.*

6 Maldita Milonga

Die mittwochs um 21 Uhr stattfindende *milonga* beinhaltet auch Tango-Kurse für Anfänger und Fortgeschrittene. Um 23 Uhr beginnen Live-Darbietungen, die von einem Orchester begleitet werden. *Karte F2 • Buenos Aires Club, Calle Perú 571 • 4560-1514*

Tango-Vorführung, El Viejo Almacén

7 Salón Canning

Der elegante Salon ist für sein perfekt gebohnertes Parkett bekannt – die Tanzfläche gilt als eine der besten der Stadt. Die Kurse und *milongas* ziehen einen bunten Mix aus Urlaubern, Einheimischen, Anfängern und Könnern an. Am beliebtesten sind die Montag- und Dienstagabende. Donnerstags gibt es Tango und Salsa. *Karte K4 • Avda. Scalabrini Ortiz 1331, Palermo • 4832-6753*

8 Nuevo Salón La Argentina

Die *milongas* dieses Tango-Clubs finden von Montag bis Donnerstag nachmittags sowie freitag- und samstagabends statt. Erfahrene Tänzer frönen hier in netter Atmosphäre dem traditionellen Tango *al suelo*, bei dem auf extravagante Show-Elemente verzichtet wird. An der Bar sind Getränke und Snacks erhältlich. *Karte N6 • Calle Bartolomé Mitre 1759, Congreso • 4371-6767 • Eintritt*

9 El Viejo Almacén

Die hervorragenden abendlichen Aufführungen in einem Haus im Kolonialstil präsentieren sowohl traditionellen als auch modernen Tango. Die sechs Musiker, zu denen eine charismatische ältere Diva, ein weißhaariger Galan und einige Jungstars gehören, imponieren mit Geigen- und Akkordeon-Soli. Das Dinner vor den Veranstaltungen findet in einem weiteren historischen Gebäude auf der gegenüberliegenden Straßenseite statt. *Karte F3 • Avda. Independencia, Ecke Calle Balcarce, San Telmo • 4307-6689 • www.viejo-almacen.com.ar*

10 Sin Rumbo

Der Weg in den abgelegenen *barrio* lohnt: Im Club Sin Rumbo erleben Gäste eine authentische *milonga* mit der Form des Tangos, wie sie von den Einheimischen im Alltag getanzt wird. Da nur 150 Personen Einlass finden, ist Reservierung empfohlen. *Calle José P. Tamborini 6157, Villa Urquiza • 4574-0972 • Eintritt*

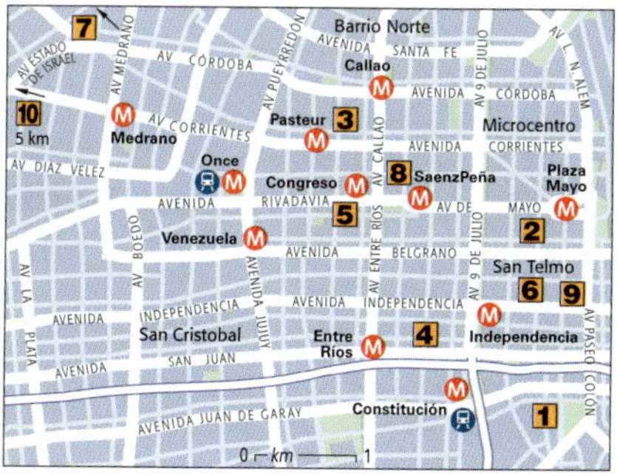

Die meisten Tango-Clubs bieten auch Kurse an. Erkundigen Sie sich telefonisch nach den jeweiligen Zeiten.

Links **Club Aráoz** Rechts **Podestá Super Club de Copas**

TOP 10 Clubs

1 Mint

In dem beliebten Club spielen internationale und einheimische DJs House, Trance und Hip-Hop. Auf der Terrasse ist Pop der 1980er und 1990er Jahre zu hören. ✎ *Karte N1 • Ecke Avda. Costanera R. Obligado & Avda. Sarmiento, Palermo • 4806-8002 • Fr & Sa ab 1.30 Uhr*

2 Pachá

Der Club fasst 3000 Electronica-Fans. Hier traten schon die Chemical Brothers, Paul Oakenfold und Sasha auf. ✎ *Ecke Avda. Costanera R. Obligado & Calle La Pampa, Palermo • 4788-4280 • Fr ab 24 Uhr, Sa ab 2 Uhr • www.pachabuenosaires.com*

3 Club Museum

Jeden Mittwoch zieht die größte »After Work-Party« der Stadt Scharen in den Club. Es gilt ein eleganter Dresscode. An den Wochenenden wird Hard House gespielt. Von Galerien auf drei Etagen lässt sich das Geschehen auf der Tanzfläche perfekt überblicken. ✎ *Karte F2 • C. Perú 535, San Telmo • 4771-9628 • Mi 20–2 Uhr, Fr & Sa 22–2 Uhr • www.clubmuseum.com.ar*

4 Podestá Super Club de Copas

Am Wochenende füllt sich der Club mit Mittzwanzigern. Unten spielen DJs Klassiker der 1980er Jahre, im oberen Stockwerk tanzt eine gesetztere Besucherschar zu House und Techno. ✎ *Karte K4 • Calle Armenia 1740, Palermo Viejo • 4832-2776 • Do–Sa ab 23 Uhr*

5 The Roxy

In dem altehrwürdigen Theater wird es donnerstags beim legendären Club 69 *(siehe S. 48)* ein wenig anzüglich. Die Samstagabende mit argentinischem und internationalem Rock und Pop sind weniger berüchtigt. ✎ *Ecke Avda. Federico Lacroze & Alvarez Thomas, Colegiales • wechselnde Öffnungszeiten • www.theroxybsas.com.ar*

Club Museum

In einigen Clubs sind für ein Dinner ab 22.30 Uhr Reservierungen im Voraus möglich. Der Club-Eintritt ist anschließend frei.

6 You Know My Name

Ein altes Stadthaus birgt die nett altmodische Disco (früher El Living). Im Hauptbereich hört man Klassiker der 1980er und 1990er Jahre, in der kleinen Lounge eher Britpop. Mittzwanziger bis Enddreißiger bilden das Publikum. *Karte P5 • Calle Marcelo T. de Alvear 1540, Tribunales • 4811-4730 • www.youknowmyname.com.ar*

Crobar

7 Caix

Wahre Nachteulen besuchen nach dem Mint oder dem Pachá diesen bis mittags geöffneten »After Hours Club«. In der oberen Etage läuft Hard Techno. Der zweite Dance Room bietet Blick auf den Fluss. *Karte N1 • Centro Costa Salguero, Ecke Avda. Rafael Obligado & Calle Salguero, Palermo • 4805-6069 • Fr & Sa ab 1 Uhr, So 8–1.30 Uhr • www.caix-ba.com.ar*

8 Crobar

Der größte und beliebteste Club von Buenos Aires ist immer brechend voll. Ein imposanter Hauptraum, ein kleinerer Nebenraum, fünf Barbereiche und eine Terrasse füllen sich an Wochenenden mit Urlaubern und Einheimischen. Der Freitag mit House und Pop ist am beliebtesten, samstags wird Hard House geboten. An Donnerstagen werden im Nebenraum US- und Britrock aufgelegt. *Karte K1 • Paseo de la Infanta, Avda. del Libertador 3883, Palermo • 4778-1500 • Do–Sa ab 22 Uhr • www.crobar.com*

9 Kika

Der Club verfügt über eine schicke Klientel. In einem Bereich werden Hip-Hop, House und Funk, im anderen Hard House gespielt. Der Club ist bei jungen argentinischen Fußballern beliebt, die sich gern in der offenen VIP-Lounge treffen. Die Atmosphäre ist entspannt. *Karte J3 • Calle Honduras 5339, Palermo Viejo • 4137-5311 • Do–Sa • www.kikaclub.com.ar*

10 Club Aráoz

Der Samstag, an dem DJs House mit Reggaeton, Hip-Hop und Pop kombinieren, ist am beliebtesten. Anders als in großen Clubs herrscht hier eine gemütliche Atmosphäre. *Karte L3 • Calle Aráoz 2424, Palermo • 4832-9751 • Do–Sa ab 1 Uhr • www.clubaraoz.com.ar*

Wer in Buenos Aires einen Club vor 2 Uhr morgens besucht, ist erst einmal mit dem DJ allein.

Links **Empire Thai** Rechts **Gout Café**

TOP 10 Schwul-lesbisches Buenos Aires

1 Amerika

Buenos Aires' größter Szene-Club zieht ein attraktives Publikum aus Schwulen und Lesben sowie Heterosexuellen an. Letztere besuchen meist die obere Etage, während Erstere die beiden unteren Stockwerke vorziehen, in denen Techno, Dance und Latin gespielt werden. Ein Abend im Amerika ist reines Vergnügen. *Karte K5 • C. Gascón 1040, Villa Crespo • 4865-4416 • www.ameri-k.com.ar*

2 ZOOM

Die durchgehend geöffnete Kellerbar in einem der Clubviertel der Stadt wird von kontaktfreudigen argentinischen Männern und Urlaubern im Alter zwischen 18 und 60 Jahren besucht. Sie ist ein Labyrinth aus Separees und Darkrooms. Die Lounge-Bar bietet sich zur Entspannung vor oder nach Clubbesuchen an: Drinks werden hier zu House Music serviert. *Karte N5 • Calle Uriburu 1018, Barrio Norte • 4827-4828 • tägl. 24 Std. • Eintritt • www.zoombuenosaires.com*

3 Club 69

In einem Theater aus der Zeit um 1900 veranstaltet der Club 69 mit die wildesten Partynächte in Buenos Aires. Homo- wie Heterosexuelle tanzen zu House und Electronica. Höhepunkt der Nacht ist die Cabaretshow um vier Uhr mit in Leder gekleideten Darstellern auf der Hauptbühne. *The Roxy, Ecke Avda. Federico Lacroze & Avda. Alvarez Thomas, Colegiales • Do ab 24 Uhr • www.theroxybsas.com.ar*

4 Titanic Club

Der Club mit originell kitschiger Einrichtung zieht Schwule und Lesben an. Darkrooms, Dragqueens, Go-go-Tänzer und eine riesige Bar sorgen für Vergnügen. Der Club bietet samstagnachts die beste Atmosphäre. *Karte M4 • Avda. Santa Fe 2516, Barrio Norte • 4822-7530 • tägl. ab 23.30 Uhr*

5 Sitges

Das moderne Sitges zieht ein lässiges schwul-lesbisches Publikum zwischen 18 und 40 Jahren an. Freitags treten Stripper, samstags und sonntags komödiantische Dragqueens auf. Um einen Tisch nahe der Bühne zu bekommen, sollte man vor ein Uhr erscheinen. Das Sitges besitzt nicht die ausgelassene Atmosphäre anderer schwul-lesbischer Clubs, sondern gibt sich ein wenig formeller. *Karte K5 • Avda. Córdoba 4119, Palermo Viejo • 4861-3763 • Mi–So ab 22.30 Uhr • www.sitgesonline.com.ar*

6 GLAM

Vor allem an Samstagen zieht der in einem wunderschönen Haus im Kolonialstil untergebrachte Club junge Schwule und Lesben an. Es gibt drei Bars, einen Billardraum, eine Terrasse, ein Spielzimmer im oberen Stockwerk und gute Tanzmusik. Die meisten Gäste kommen gegen zwei Uhr morgens ins GLAM. *Karte M5 • Calle Cabrera 3046, Palermo • 4963-2521 • Do & Sa ab 1 Uhr • www.glambsas.com.ar*

Schwul-lesbisches Leben spielt sich in Buenos Aires vor allem in den Vierteln San Telmo und Palermo Viejo ab.

7 Empire Thai

Das bei Homosexuellen beliebte Restaurant verbindet asiatische Küche mit orientalischer Einrichtung und legerer New Yorker Atmosphäre. Gäste genießen mittags an der Bar, im Gastraum, im gemütlichen Mezzanin oder an Tischen im Freien scharfe Currys, Pfannengerichte, Suppen und Salate. Die meisten homosexuellen Besucher kommen am frühen Abend auf einen Cocktail vorbei. *Karte Q5 • Calle Tres Sargentos 427, Microcentro • 4312-5706 • Mo–Fr 12–24 Uhr, Sa ab 19 Uhr*

8 Big One

Der riesige Club mit mehreren Ebenen nimmt ein ehemaliges Fabrikgebäude ein. Freitags legen internationale DJs für die überwiegend männliche Klientel auf. Attraktive, unternehmungslustige Gäste bevölkern die Barbereiche. Wegen langer Warteschlangen ist frühes Erscheinen empfohlen. *Karte E2 • Calle Adolfo Alsina 940, Montserrat • 4334-0097 • www.bigone.com.ar*

9 Gout Café

Das Café fügt der alten Grandeur Recoletas einen Touch modernen Chic hinzu. Die elegante Einrichtung ist einladend, die Speisekarte führt gesunde Kost auf, die Weinkarte ist klein, aber fein. Nachmittags locken Kaffee, fruchtige Smoothies, Muffins, Brownies und anderes Gebäck. Auch das nette Personal, Jazz als Hintergrundmusik und WLAN sprechen für einen Besuch des Gout. *Karte N4 • Calle Juncal 2124, Recoleta • 4825-8330 • Mo–Sa 8–21 Uhr • www.goutcafe.com.ar*

Pride Café

10 Pride Café

Das schicke Café ähnelt den typischen Lokalen von Greenwich Village in New York. Es ist vor allem sonntagnachmittags bei homosexuellen Urlaubern beliebt. Zum rein biologischen Speisenangebot zählen schmackhafte Salate sowie köstliche Kuchen und Gebäck. Die freundlichen Kellner beraten gern bei der Auswahl des Kaffees, der Smoothies oder Cocktails. Die Inneneinrichtung prägen kühles Weiß und Chrom. Die Tische im Freien stehen an der Kreuzung zweier Kopfsteinpflasterstraßen. *Karte F3 • Calle Balcarce 869, Ecke Calle Giuffra, San Telmo • 4300-6435 • Mo–Fr 9–21 Uhr, Sa 11–20 Uhr, So 10–22 Uhr*

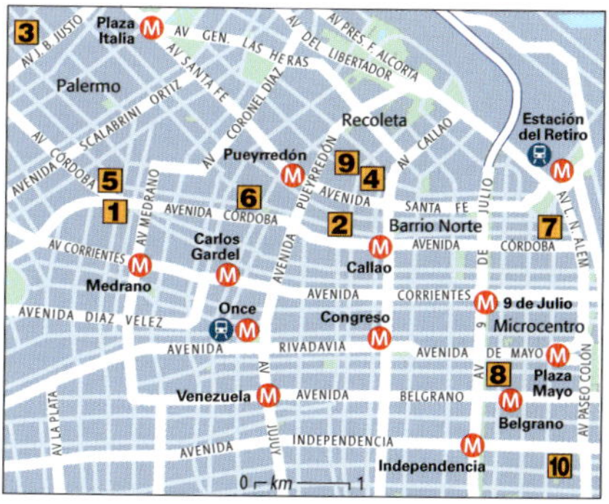

Informationen für schwule & lesbische Reisende
www.thegayguide.com.ar

Links **Provoleta** Mitte **Ein Urlauber genießt Mate** Rechts **Schachtel Alfajores**

TOP 10 Spezialitäten

1 Provoleta

Was den Schweizern Fondue und den Mexikanern *queso fundido*, ist den Argentiniern *provoleta*. Eine zwei Zentimeter dicke Scheibe Kuh- oder Ziegenkäse *(provolone)* wird gegrillt, bis sie innen weich und außen knusprig ist, und dann mithilfe eines Steakmessers gegessen.

2 Parrillada

Parrillada besteht aus Innereien, Kalbsbries, Wurst, Filet und Huhn. Es wird auf einem Metallgrill am Tisch serviert. Das Fleisch kann *jugoso* (blutig), *al punto* (halb durch) oder *cocido* (halb bis gut durchgebraten) bestellt werden.

Gebackene Empanadas

3 Dulce de Leche

Westeuropäer kennen Karamell als durch trockenes Erhitzen geschmolzenen Zucker. In Argentinien wird aus Milch, Zucker und Vanille durch ein ganz bestimmtes Maß an Hitze *dulce de leche* gewonnen. Die süße Creme wird zu fast jedem Dessert gereicht.

Parrillada

4 Sorrentinos

In der Stadt, in der ein Drittel der Bevölkerung italienische Wurzeln hat, ist hausgemachte Pasta allgegenwärtig. *Sorrentinos*, ein Hauptgericht aus der alten Heimat, ist auch in Buenos Aires' Restaurants beliebt. Die runden Teigtaschen sind mit Schinken und Mozzarella, Kürbis und Ricotta oder Spinat und Parmesan gefüllt. Sie werden mit einer traditionellen Sahnesauce serviert.

5 Eis

Argentinisches Eis ähnelt dem italienischen *gelato*. Die Sorten der meisten *heladerías* sind in *frutas* (Fruchteis und Sorbets), *cremas* (*dulce de leche*, *sambayón* und Vanille) und Schokoladenvariationen unterteilt. Wer 250 Gramm ordert, erhält drei Sorten für 20 Pesos.

6 Empanadas

Im Gegensatz zu der karibischen gebratenen Variante werden *empanadas* in Argentinien meist gebacken. Sie enthalten schmackhafte Füllungen, z. B. aus Zwiebeln und Mozzarella. Einige Restaurants und Imbisslokale

Vorhergehende Doppelseite
Farbenfrohe Häuser, Calle Caminito, La Boca

Locro, ein typisches Eintopfgericht

bieten die schärferen Varianten *empanadas salteñas, tucumanas* und *catamarqueñas* aus den nordwestlichen Regionen von Argentinien an.

7 Locro
Der Eintopf aus dem Nordwesten Argentiniens wärmt an kalten Tagen. *Locro* enthält Mais, Fleisch und Wintergemüse.

8 Mate
Wenige Leidenschaften in Argentinien haben so viele Anhänger: *Mate* wird immer und überall getrunken. Die Blätter werden in einer Kalebasse mit heißem Wasser aufgebrüht. Das halbbittere Getränk genießt man durch ein metallenes Trinkrohr mit Filter. Der *mate* bei Cumaná *(siehe S. 71)* ist empfehlenswert.

9 Fugazzetta Rellena
Die Pizzerias an der Kreuzung der Avenidas Callao und Corrientes servieren Pizza nach Art der *Porteños*. *Fugazzetta rellena* ist Pizza mit doppeltem Boden, Käse- und Schinkenfüllung sowie Mozzarella, Oregano und Zwiebeln.

10 Alfajores
Das beliebteste Gebäck der Argentinier ist als Massenware an Kiosken oder als hausgemachte Köstlichkeit in Bäckereien erhältlich. Die unzähligen Variationen reichen von *maicena* bis zu Keksen mit Schokoladenglasur.

Top 10 Argentinischer Wein

1 Misterio Malbec
Flichman liefert mit der Misterio-Linie, vor allem mit der prämierten Malbec-Rebe, hervorragende Qualität.

2 Pulenta IX Pinot Noir
Die Produktion des Mendoza Pinot, der zehn Monate in französischen Eichenfässern reift, ist auf etwa 4000 Flaschen pro Saison begrenzt.

3 Telteca Merlot
Der Merlot aus der kontrollierten Bodega hat eine fruchtige Note.

4 Gran Reserva Malbec
Der Wein ist das Produkt 65 Jahre alter Rebstöcke. Er reift mindestens ein Jahr lang im Eichenfass.

5 Ruca Malen Merlot
Dieser Merlot bietet ein wunderbares Aroma bei hervorragendem Preis.

6 Trapiche Cabernet Sauvignon
Der Wein aus Argentiniens berühmtester Kellerei ist ein Schnäppchen.

7 Trapiche Malbec
Neben Tango und Fußballstars ist der Wein Argentiniens beliebtestes Exportprodukt.

8 Cafayate Torrontés
Die weiße Traube ist der Beitrag der Region Salta zur Weinproduktion Argentiniens.

9 Roble Chardonnay Bodega Los Haroldos
Kein dezenter Wein: Die herbe Eichenholznote passt gut zu Wild und Rind.

10 Bodegas Caro Cabernet Sauvignon
Der seltene Wein ist eine Gemeinschaftsproduktion der Domaines Barons de Rothschild-Lafite und einem Familienbetrieb in Mendoza.

Mendoza im Westen Argentiniens ist als Land der Sonne und des guten Weins bekannt.

Links **La Cabrera** Rechts **Cabaña Las Lilas**

TOP 10 Parrillas

1 El Desnivel

Das Paradebeispiel einer schnörkellosen *parrilla* zieht Einheimische, Urlauber und Künstler an. Die Wände zieren verblichene Bilder, die Kellner sind ausgesprochen freundlich. Steaks brutzeln auf dem offenen Grill, bevor sie serviert werden. *Karte F3 • C. Defensa 855, San Telmo • 4300-9081 • tägl. 12–16 Uhr & ab 19.30 Uhr • $$$*

2 El Obrero

Bono, Francis Ford Coppola und Robert Duvall gehören zu den Prominenten, die sich in der 1954 eröffneten *parrilla* schon unter die Einheimischen mischten. Die Atmosphäre ist einzigartig. Auf deftige Fleisch-, Fisch- und Nudelgerichte folgen sahnige Desserts. Der Service ist äußerst freundlich. *Karte H5 • Calle Agustín R. Caffarena 64, La Boca • 4362-9912 • Mo–Sa 12–17 Uhr & ab 20 Uhr • $$$*

3 La Brigada

La Brigada verbindet echte *Parrilla*-Atmosphäre mit erstklassiger Küche. Eine rustikale Holzdecke und viele Fußballandenken an den Wänden prägen das Ambiente. Der Service ist schnell, die Steaks sind exzellent. Die leckeren *chinchulín* und *molleja* sind sehr zu empfehlen. *Karte F3 • Calle Estados Unidos 465, San Telmo • 4361-4685 • tägl. 12–15.30 Uhr & ab 20 Uhr • $$$$*

4 La Cabrera

Das romantische Lokal besteht aus zwei kleinen Räumen mit Ziegelwänden, Mosaikböden und Holztischen. Die Steaks gehören zu den besten der Stadt, die Weinkarte ist hervorragend. Es gibt auch Tische im Freien *(siehe S. 93)*.

5 Don Julio

Die Einrichtung prägen Ziegelwände und Kronleuchter. Zu den Spezialitäten zählen *ojo de bife* (Rib-Eye-Steak) und *entririna* (Bauchfleisch). Auch die *empanadas* sind hervorragend. Die Tische im ersten Stock bieten Blick auf die darunterliegende Küche. *Karte K3 • Calle Guatemala 4691, Ecke Calle Gurruchaga • 4831-9564 • tägl. 12–16 Uhr & 19.30–1 Uhr • $$$$$*

6 El Trapiche

Die *parrilla* bringt Alte-Welt-Charme ins trendige Palermo: Statt mit ausgeprägtem Chic und extravaganter Fusionsküche überzeugt das Restaurant mit großen saftigen Steaks und guten Fisch-,

Chiquilín

Parrillas sind Steakhäuser bzw. Grillrestaurants. Preiskategorien der Restaurants **siehe S. 71**

Pasta- und Seafood-Gerichten. Vor den alten Mauerwänden stehen Weinregale, die Atmosphäre ist geschäftig *(siehe S. 93)*.

7 Sabot

Das Lokal im Stadtzentrum bietet klassische argentinische Küche. Die Speisekarte führt exzellente *parrillada*, Nudel-, Fisch- und Seafood-Gerichte auf. Der gegrillte, mit einer Scheibe Zitrone garnierte Lachs empfiehlt sich als leichte Alternative zu den fleischhaltigen Speisen. Deckenbalken und holzgetäfelte Wände schaffen ein gemütliches Ambiente. Der Service ist erstklassig *(siehe S. 85)*.

8 Cabaña Las Lilas

Die gehobene *parrilla* ist für besonders zarte Steaks berühmt. Zum unverwechselbaren *ojo de bife* kann man aus 700 argentinischen und internationalen Weinen wählen. Dunkles Holz und Ledersessel sorgen für Behaglichkeit. Die große Terrasse bietet herrlichen Blick auf die Bucht *(siehe S. 85)*.

9 Chiquilín

Das traditionsreiche Tango-Lokal gibt es schon seit 1927. An den Dachsparren hängen Topfpflanzen, Säcke mit Rohschinken und altmodische Deckenventilatoren. Der große Gastraum ist vom Plaudern der Gäste erfüllt. Steaks und Pasta bilden die Hauptgerichte, die kaum mehr Platz für die herrlich sündigen Desserts lassen. Das nette und schwungvolle Personal hat großen Anteil am besonderen Reiz des Restaurants.

La Dorita

Karte N6 • Calle Sarmiento 1599, Congreso • 4373-5163 • tägl. 12–2 Uhr • $$$$

10 La Dorita

Das Ecklokal mit reizender Atmosphäre verfügt über eine gemütliche Einrichtung und einen erstklassigen Grill. Zu den traditionellen *Parrilla*-Gerichten zählen die schmackhafte Vorspeise mit Schweinswürstchen, gegrilltes Filet-Sandwich und das Hauptgericht *tables de carne*, bei dem zwei Personen aus fünf klassischen Speisen drei auswählen. Dazu wird Weißwein vom Fass in Tonkrügen serviert. Das Ambiente im Innenraum ist überaus romantisch, es gibt hier aber auch Tische im Freien. *Karte J3 • Calle Humboldt 1905 • 4773-0070 • Mo–Sa 12–16 Uhr & ab 20 Uhr • $$$*

Fleisch bestellt man vuelta y vuelta *(blutig)*, a punto *(medium)* oder bien cocida *(gut durchgebraten)*.

Links **Duhau Restaurante & Vinoteca** Mitte **Cabaña Las Lilas** Rechts **La Bourgogne**

TOP 10 Restaurants

1 Cabaña Las Lilas

Seit 1995 locken köstliche Rindfleischgerichte Urlauber und *Porteños* in das Restaurant. Das Fleisch stammt von der hauseigenen Farm. Die Qualität ist ebenso berühmt wie die günstigen Preise *(siehe S. 55 & S. 85)*.

2 Patagonia Sur

Das tolle *Prix-fixe*-Menü des Starkochs Francis Mallmann ändert sich saisonal. Verwendet werden Zutaten wie *Calafate*-Beeren und Kartoffeln aus den Anden. Die Desserts und Weine sind vorzüglich, die Atmosphäre ist gemütlich *(siehe S. 77)*.

Schild des Patagonia Sur

3 Ølsen

Dieses Restaurant polarisiert die *Porteños* seit der Eröffnung: Es wird als Lokal internationalen Stils gefeiert, doch fehlt der entsprechende Zulauf. Es gibt Finger Food skandinavischer Art und Brunch. Auf der Terrasse werden Cocktails serviert *(siehe S. 93)*.

4 Duhau Restaurante & Vinoteca

Das herausragende Restaurant kennzeichnen exzellenter Service, edle Eleganz und nuancierte Zubereitung der Speisen. Es gibt Tische im ruhigen Garten, im freundlich eingerichteten Gastraum und in einer gemütlichen Vinothek, in der Käse und knuspriges Brot zu Malbec gereicht werden *(siehe S. 71)*.

5 Oui Oui

Das freundliche Lokal setzt einen hübschen Akzent in Palermo. Es serviert köstliche Suppen, Eierspeisen, Soufflés, Brioches, Waffeln und Limonaden und ist ideal für eine *merienda* oder einen Nachmittagssnack.

Karte J2 • Calle Nicaragua 6068 • 4778-9614 • Di–Fr 8–20 Uhr, Sa & So 10–20 Uhr • www.ouioui.com.ar • $

6 Brasserie Petanque

Die Brasserie bietet feinste französische Bistroküche. Die großen Fenster zur Calle Defensa stehen im Sommer offen, an den Tischen draußen herrscht eine ausgelassene Atmosphäre. Die Spezialitäten der Tageskarte sind hervorragend, ebenso die Pasteten der Vorspeisenplatte. Das Personal berät fachkundig bei der Weinauswahl *(siehe S. 77)*.

Bar der Brasserie Petanque

Typisch argentinische parrillas **siehe S. 54f**

7 Nectarine
Das Acht- oder Zehn-Gänge-Menü in dem exquisiten französischen Restaurant ist ein Hochgenuss. In der offenen Küche kann man den Meisterköchen bei der Arbeit zusehen *(siehe S. 71)*.

8 La Bourgogne
Bei Küchenchef Jean-Paul Bondoux kommen für die Speisenzubereitung vorwiegend regionale Zutaten und guter Malbec zum Einsatz. Das Restaurant zählt Gourmets aus aller Welt zu seinen Gästen *(siehe S. 71)*.

Tomo I

9 Tomo I
Das Restaurant schöpft in Sachen *Porteño*-Küche gekonnt aus dem Vollen. Entenravioli in Fruchtreduktion, pochierte Forelle mit Minze oder Maracuja-Mousse machen deutlich, warum das Lokal seit 40 Jahren erfolgreich ist *(siehe S. 85)*.

10 Casa Cruz
Goldene Türen geben Einlass in das noble Restaurant, wo die örtliche Prominenz kleine Portionen delikater asiatischer und argentinischer Gerichte genießt *(siehe S. 93)*.

Top 10 Cafés & Confiterías

1 El Petit Colón
Theatergäste diskutieren bei Drinks die Aufführungen.
Karte P6 • Calle Libertad 505

2 Café Tortoni
Das Café serviert die besten *churros con chocolate caliente* in der Stadt *(siehe S. 26)*.

3 Pride Café
Das bei Homosexuellen beliebte Café bietet schicke Beleuchtung und Tische im Freien *(siehe S. 49)*.

4 Bar 6
Die tägliche Happy Hour (18.30–20.30 Uhr) der Café-Bar zieht Gäste aus der Nachbarschaft an *(siehe S. 92)*.

5 La Biela
Bei Kaffee und *tostado* kann man hier gut Passanten beobachten *(siehe S. 70)*.

6 Clásica y Moderna
In dem Buchladen-Café bezaubert ein Pianist mit seinem Spiel *(siehe S. 70)*.

7 Bar Plaza Dorrego
Der Kaffee wird frisch zubereitet. Die Auswahl an Salaten ist groß, der Service ein wenig schroff *(siehe S. 77)*.

8 Bar El Federal
Genießen Sie aromatisierten Kaffee mit Vintage-Flair.
Karte F5 • Ecke Calle Perú & Calle Carlos Calvo • 4300-4313

9 Bar Británico
In der durchgehend geöffneten Bar verbringen *Porteños* gern mal zwei Stunden bei einer Tasse Kaffee.
Karte F4 • Ecke Calle Brasil & Calle Defensa • 4361-2107

10 La Americana
Die Pizzeria bietet mittags leichte Snacks, *empanadas* und *fugazzetta rellena (siehe S. 53)*. *Karte D1 • Avda. Callao 83 • 4371-0202*

Preiskategorien der Restaurants **siehe S. 71**

Links **Der ehemalige Präsident Juan Domingo Perón** Rechts **Jorge Rafael Videla**

Top 10 Berühmte Porteños

1 Diego Maradona (geb. 1960)

Maradona – »El Diez«, »El Pibe«, »D10S« (nach der Rückennummer), »The Kid« oder einfach »Gott« – ist das Gesicht des argentinischen Fußballs. Seine Tore im Viertelfinale der Weltmeisterschaft gegen England 1986 zählen zu den außergewöhnlichsten der Fußballgeschichte.

2 Carlos Gardel (1890–1935)

»Gardel singt jeden Tag besser« lautet ein Sprichwort in Buenos Aires. Die Wertschätzung des Sängers und Komponisten, der den Tango auf die Bühnen der Welt brachte, ist ungebrochen *(siehe S. 28f)*.

3 Susana Giménez (geb. 1944)

Der ehemaligen Schauspielerin und heutigen Talkmasterin sieht man ihr Alter beileibe nicht an. Jede Woche ziert sie Titelseiten von Zeitschriften und verleiht gesellschaftlichen Anlässen Glanz.

4 Carlos Menem (geb. 1930)

In den 1990er Jahren verhalf Carlos Menem als Präsident Puerto Madero mit Steueranreizen für ausländische Investoren zum Aufschwung. Heute erinnert man sich in erster Linie an die Korruptionsvorwürfe, die seine Präsidentschaft begleiteten. Er musste z. B. einen Ferrari, das Geschenk eines Geschäftsmanns, zurückgeben.

Carlos Menem, einstiger argentinischer Präsident

5 Eva Perón (1919–1952)

Die aus der Pampa stammende Sängerin und Schauspielerin María Eva Duarte und General Juan Perón waren im letzten Jahrhundert Argentiniens einflussreichstes Paar. Evas Anhängerschaft nannte sie beim Kosenamen Evita. Ihr Mausoleum in Recolata ist viel besucht und stets geschmückt *(siehe S. 10)*.

6 Juan Perón (1895–1974)

Juan Domingo Perón trat als Präsident für die Arbeiter und für soziale Fürsorge ein. Als Sympathisant der Nationalsozialisten ließ er ehemalige SS-Offiziere nach Argentinien immigrieren. Trotz seines zwiespältigen Rufs lebt die von ihm gegründete politische Bewegung weiter.

7 Charly García (geb. 1951)

Zusammen mit Luis Spinetta verlieh García dem Rock 'n' Roll

Als Porteños *bezeichnet man in Buenos Aires geborene Personen und die Einwohner der Stadt.*

Der Autor Jorge Luis Borges

Rioplatense-Flair. Nachdem sich seine erste Band Sui Generis 1975 aufgelöst hatte, startete er eine erfolgreiche Solokarriere. Von Garcías inzwischen seltenen Auftritten ist der zum 30. Jahrestag der Madres de Plaza de Mayo 2007 *(siehe S. 9)* unvergesslich.

8 Jorge Luis Borges (1899–1986)

Die Werke des preisgekrönten Autors haben nach seinem Tod nicht an Bedeutung verloren: Die existenzialistischen Erzählungen *Das Aleph* und *El Milagro Secreto* sind Pflicht für jeden Philosophie- und Literaturstudenten.

9 Jorge Rafael Videla (geb. 1925)

Nach Wiedererlangung der Demokratie 1983 befand sich der selbst ernannte Präsident Videla immer wieder in Haft, vor Gericht, im Krankenhaus und unter Hausarrest. Graffitis in der Stadt fordern seine Verurteilung.

10 Torcuato de Alvear (1822–1890)

Den Vergleich mit Paris schuldet Buenos Aires seinem ersten Bürgermeister de Alvear. Dieser beaufsichtigte den Ausbau von Recoleta und Avenida de Mayo und stieß Planungen für die Infrastruktur an, die das Wachstum der Stadt begünstigten.

Top 10 Argentinische Musiker

1 Fito Páez
Der Liedermacher verfasst auch Drehbücher.

2 Andrés Calamaro
2007 ehrte der Sänger mit der dunklen Stimme Bob Dylan mit *La Lengua Popular*.

3 Soda Stereo
2007 kam die Latino-Band der 1980er und 1990er Jahre für eine Tournee wieder zusammen.

4 Patricio Rey
Rey versah Rock 'n' Roll mit dem Soziolekt *lunfardo*.

5 La Renga
Mit 1980er-Jahre-Rock und Metal-Gitarre prangerten La Renga die Armut in den *barrios* von Buenos Aires an.

6 Attaque 77
Die Skater-Punks gelten seit zwei Jahrzehnten als das »Gewissen« der Stadtjugend.

7 Bersuit Vergarabat
Die achtköpfige, sozial engagierte Latin-Rockband führte die argentinische *Rock-nacional*-Szene der 1990er und frühen 2000er Jahre an.

8 Los Fabulosos Cadillacs
Matador, der Hit der Band von 1994, wird heute noch oft gespielt. Der Sänger Vincentico hat auch solo Erfolg.

9 Gustavo Santaolalla
Der in Argentinien sehr beliebte Musiker komponierte die Filmmusik zu *Brokeback Mountain* und *Die Reise des jungen Che*.

10 Juana Molina
Die Alben der Sängerin mit der wunderbaren Stimme sind von außergewöhnlicher Pop-Instrumentation geprägt und zählen zu den gefeiertsten des letzten Jahrzehnts.

Un Día *ist das jüngste, 2008 veröffentlichte Album der Sängerin Juana Molina.*

Links **Museo de los Niños** Mitte **Parque Tres de Febrero** Rechts **Planetario Galileo Galilei**

TOP 10 Attraktionen für Kinder

1 Museo Argentino del Títere

Das Puppenmuseum zeigt antike Exemplare aus verschiedenen Ländern wie Rumänien, Indonesien, Costa Rica und Indien. An Wochenenden wird Puppentheater geboten. *Karte E3 • Calle Piedras 905, San Telmo • 4304-4376 • Di–Fr 15–18 Uhr, Sa & So 15–19 Uhr • Eintritt nur für Vorstellungen • www.museoargdeltitere.com.ar*

2 Planetario Galileo Galilei

Das Planetarium der Stadt sieht wie ein Raumschiff aus. Die unterhaltsamen und lehrreichen täglichen Shows entführen Besucher auf eine Reise durchs All. Erklärungen gibt es in Spanisch und Englisch *(siehe S. 89).*

3 Museo Argentino de Ciencias Naturales

Das Naturwissenschaftliche Museum lockt mit Dinosaurierausstellung, Aquarium, Räumen über Amphibien, Reptilien und Insekten sowie einem Bereich zur Antarktis. Das nette Café »Auf dem Meeresgrund« lädt zu einem Imbiss ein. *Karte J6 • Avda. Angel Gallardo 470, Caballito • 4982-4494 • tägl. 14–19 Uhr • Eintritt • www.macn.gov.ar*

Museo Argentino de Ciencias Naturales

4 Tren de la Costa

Die Zugfahrt entlang dem Río de la Plata von Olivos nach Tigre *(siehe S. 96)* kann man für Strandbesuche oder etwas Radfahren unterbrechen. Parque de la Costa und Flussdelta sind nicht weit. *4002-6000 • tägl. 6.30–23 Uhr • Gebühr • www.trendelacosta.com.ar*

Bootsfahrt durch das Flussdelta

5 Bootsfahrt durch das Flussdelta

Auf den ein- oder zweistündigen Bootstouren durch das dichte Netz von Wasserwegen und Inseln fühlen sich Jung und Alt wie Indiana Jones. *Estación Fluvial de Tigre: Avda. Mitre 305, Tigre • 4512-4497 • Gebühr • www.tigre.gov.ar*

6 La Calle de los Títeres

Die »Puppenstraße« ist bei Familien beliebt. Im Hof eines Hauses aus den 1840er Jahren nehmen Kinder vor Beginn des Puppentheaters an Workshops teil. Drei- bis Siebenjährige haben hier großen Spaß. *Karte D5 • Centro Cultural del Sur, Avda. Caseros 1750, Constitución • 4305-6653 • März–Dez: Sa & So 16–18 Uhr*

Plätze & Parks in Buenos Aires **siehe S. 36f**

Vor dem Kamelgehege, Zoo Buenos Aires

7 Zoo Buenos Aires

Schneeleoparden und Königstiger sind die Stars des Zoos. Ein Aquarium, Bootsfahrten und eine Farm, auf der Kinder Kühe melken und Tiere hörend und fühlend erraten können, sind weitere Attraktionen *(siehe S. 88)*.

8 Museo de los Niños

In der Miniaturstadt können Kinder in einem Supermarkt einkaufen, ein Durchleuchtungsgerät am Flughafen bedienen, ein Wasserwerk erkunden, ein Flugzeug fliegen, eine TV-Show aufnehmen und weitere Abenteuer erleben. *Karte L6 • Avda. Corrientes 3247, Abasto • 4861-2325 • Di–So 13–20 Uhr (Jan & Feb auch Mo) • Eintritt • www.museodelosninos.org.ar*

9 Parque de la Costa

Der Vergnügungspark bietet Fahrgeschäfte von Autoskootern bis Achterbahnen. Ein Besuch lässt sich gut mit einer Bootsfahrt auf dem Delta verbinden. *Calle Vivanco 1509, Tigre • 4002-6000 • Sa & So 11–19.30 Uhr • Eintritt • www.parquedelacosta.com.ar*

10 Parque Tres de Febrero

In dem reizenden Park warten Pferdekutschen, Ruder- und Tretboote, Rollschuh- und Fahrradverleihe sowie schöne Rosen- und japanische Gärten. Zoo und Planetarium liegen ganz in der Nähe. *Karte L2 • Ecke Avda. del Libertador & Avda. Sarmiento*

Top 10 Läden für Kinder

1 Barbie Store
Alles für Barbiefans: Mode, Spielzeug, Schönheitssalon, Teehaus u.v.m. *Karte M3 • Avda. Scalabrini Ortiz 3170, Palermo • 0810-4444-227243*

2 Chibel
Die Auswahl an Mode ist groß. *Karte K4 • C. El Salvador 4611, Palermo Viejo • 4504-8688*

3 Imaginarium
Es gibt Spiele, Puppen und Musik. *Karte M4 • Shopping Alto, Palermo • 5777-8314*

4 Viva La Pepa
Die Designs sind z. B. von alten Abendkleidern inspiriert. *Karte K3 • Calle Armenia 1786, Palermo Viejo • 4831-1411*

5 Cheeky
Die reizende Mode ist für Kinder vom Säugling bis zum 12-Jährigen. *Karte P5 • Avda. Santa Fe 1499, Barrio Norte • 4813-1875*

6 Owoko
Die lustigen Designs sind aus hochwertigem Material. *Karte K4 • El Salvador 4694, Palermo Viejo • 4831-1259*

7 Bukito
Spielzeug, Babysitze und Kleidung sind hier preiswert. *Karte L6 • Avda. Corrientes 3247, Abasto • 4959-3423*

8 Mimo & Co
Die Kette führt Mode und Accessoires für Kinder. *Karte L6 • Avda. Corrientes 3247, Abasto • 4959-3545*

9 Super Baby
Eltern können stöbern, während die Kinder spielen. *Karte L3 • Calle Armenia 2302, Palermo Viejo • 4833-6636*

10 Gabriela de Bianchetti
Florale Muster zieren edle Mode. *Karte K4 • Avda. Scalabrini Ortiz 1305 • 4831-6941*

Das Sortiment der meisten Kindermodeläden in Buenos Aires ist auf bis zu 12-Jährige ausgerichtet.

STADTTEILE

Links **Avenida de Mayo** Rechts **Teatro Colón**

Barrio Norte, Recoleta & Umgebung

DAS ZENTRUM VON BUENOS AIRES, *die Plaza de Mayo* (siehe S. 8f), *umgeben mehrere Viertel. Das historische Montserrat mit den zahlreichen Kolonialbauten umschließt den Platz. Im Norden liegen die wohlhabenden Stadtteile Barrio Norte und Recoleta. Im Westen befinden sich die lebendigen Viertel der Arbeiterschicht: Once ist Heimat der jüdischen Gemeinde von Buenos Aires, von dem Tango-Viertel Abasto aus eroberte Carlos Gardel die Welt* (siehe S. 29). *Die Stadtteile sind durch prächtige Boulevards miteinander verbunden. Den ältesten Boulevard, die Avenida de Mayo, säumen eindrucksvolle Bauwerke der Belle Époque.*

Café, Avenida Corrientes

TOP 10 Attraktionen

1. Avenida 9 de Julio
2. Avenida de Mayo
3. Museo Nacional de Bellas Artes
4. Cementerio de la Recoleta
5. Avenida Corrientes
6. Centro Cultural Recoleta
7. Museo de la Ciudad
8. Teatro Colón
9. Manzana de las Luces
10. Museo Casa Carlos Gardel

Vorhergehende Doppelseite
Brunnen vor dem Congreso Nacional

Museo Nacional de Bellas Artes

1 Avenida 9 de Julio

Die Avenida 9 de Julio wurde in den 1930er Jahren angelegt, um den Nord-Süd-Verkehr in der Stadt zu entlasten. Sie bildet eine 140 Meter breite Schneise vom Bahnhof Constitución nach Retiro. Das jüngste Projekt der Stadtplanung stellt eine symbolische Verbindung zwischen den traditionellen Arbeitervierteln im Süden und dem aristokratischen Norden dar. An dem hektischen Boulevard verschwinden die Klassenunterschiede: Besucher können an den von Jacarandabäumen gesäumten Bürgersteigen Pizzas für 10 Pesos genießen oder an glanzvollen Tango-Dinnershows in den Ballsälen der nahe gelegenen Hotels teilnehmen *(siehe S. 20f)*.

2 Avenida de Mayo

Der älteste Boulevard der Stadt, die prächtige Avenida de Mayo, entstand 1894 als Verbindung zwischen den beiden Regierungsgebäuden – dem Präsidentenpalast Casa Rosada und dem Palacio del Congreso. Die herrlichen Bauwerke entlang der Straße sind in der Art Pariser Palais gestaltet. Die französische Metropole galt Buenos Aires in jener Zeit als Vorbild. Tatsächlich aber eroberten die spanischen Einwohner die Avenida. Die von ihnen eröffneten Cafés, Restaurants und Bars sind heute noch beliebt *(siehe S. 14f)*.

3 Museo Nacional de Bellas Artes

Das Nationalmuseum der schönen Künste wurde 1896 gegründet. Es beherbergt über 12 000 Werke. Dauerausstellungen präsentieren z. B. präkolumbische Kunst, argentinische Kunst des 19. und 20. Jahrhunderts sowie Werke alter Meister und moderner internationaler Künstler wie Goya, El Greco, van Gogh, Picasso, Kandinsky und Miró. Im Vortragsraum werden täglich Filme gezeigt *(siehe S. 16f)*.

4 Cementerio de la Recoleta

Die faszinierende Stadt der Toten durchzieht ein Labyrinth von Wegen und Pfaden. Der Cementerio de la Recoleta ist Begräbnisstätte von Präsidenten, Generälen und Familien der argentinischen Oberschicht. Hinter den hohen Mauern stehen Mausoleen aus Granit und Bronze, die Kuppeln und Skulpturen von Engeln und weinenden Müttern krönen. Das berühmteste Grab ist das von Eva Perón *(siehe S. 58)*, das schönste Grabmal gehört José C. Paz *(siehe S. 10f)*.

Cementerio de la Recoleta

Mehr über Recoleta **www.info-recoleta.com**

Shalom Buenos Aires

In Buenos Aires lebt die größte jüdische Gemeinde Lateinamerikas. Zentrum ist der *barrio* Once. In dem geschäftigen, verkehrsreichen Viertel befinden sich viele jüdische Firmen, Delikatessenläden, Synagogen und koschere Restaurants. Das AMIA-Gebäude war in den 1990er Jahren Ziel eines grausamen antisemitischen Anschlags *(siehe S. 33)*.

5 Avenida Corrientes

In den 1940er Jahren wurde der Boulevard in dem Theaterviertel der Stadt wegen der vielen Schauspielhäuser und Kinos »die Straße, die niemals schläft« genannt. Heute hat die Avenida Corrientes etwas an Glanz verloren. Neben Theatern und Cafés säumen die Straße einige exzellente Secondhand-Buchläden *(siehe S. 69)*. *Karte N6/P6*

6 Centro Cultural Recoleta

Das Kulturzentrum, ein dynamischer Ort für zeitgenössische Kunst, ist in dem 1732 erbauten Kloster von Recoleta untergebracht. In zwanzig Sälen werden Wechselausstellungen gezeigt. Die Exponate sind ausgefallen, provokativ und reich an gesellschaftlichen, politischen und religiösen Aussagen. Es gibt zudem ein kleines Kino, einen Vorführungsraum in der Klosterkapelle, verschiedene Mehrzweckbereiche und eine Dachterrasse, auf der im Sommer auch Aufführungen stattfinden. *Karte N3*

• Calle Junín 1930 • 4803-1040
• Mo–Fr 14–21 Uhr, Sa & So 10–21 Uhr
• www.centroculturalrecoleta.org

Centro Cultural Recoleta

Exponate im Museo de la Ciudad

7 Museo de la Ciudad

In einem Privathaus von 1894 sind heute u. a. Rekonstruktionen von Jugendstil- und Art-déco-Schlafzimmern, ein Büro aus der Zeit um 1900 sowie ein Speisezimmer aus den 1950er Jahren zu sehen. Darüber hinaus kann man historisches Kinderspielzeug, Möbel, Gemälde und architektonische Antiquitäten bewundern. Die Farmacia de la Estrella im gleichen Gebäude ist seit 1834 in Betrieb. Die Apotheke besitzt Deckenfresken, eine antike Ladentheke und historische Waagschalen. *Karte F2*

• Calle Defensa 219, Montserrat • 4331-9855 • tägl. 11–19 Uhr • Eintritt

8 Teatro Colón

Das 1908 eröffnete Teatro Colón zählt zu den besten Opernhäusern der Welt. Es präsentiert Opern- und Ballettaufführungen sowie klassische Konzerte. Stars wie Pavarotti, Nurejew und María Callas waren bereits zu Gast. Besucher können im Rahmen einer Führung das elegante Interieur, den Saal, die Salons und die vielen Werkstätten und Proberäume besichtigen *(siehe S. 12f)*.

Das Museo de la Ciudad im Internet
www.museodelaciudad.buenosaires.gov.ar

9 Manzana de las Luces

Der »Häuserblock der Erleuchtung« ist ein Komplex aus jesuitischen und Regierungsgebäuden aus der Mitte des 17. Jahrhunderts. Er bildet das historische Zentrum von Buenos Aires. Zu seinen Attraktionen zählen die älteste Kirche der Stadt – die 1668 erbaute Iglesia San Ignacio mit dem alten Hauptsitz der Jesuiten –, die Sala de Representantes und das Colegio Nacional de Buenos Aires. In den 1690er Jahren angelegte unterirdische Tunnel führen zur Plaza de Mayo. *Karte F2 • Calle Perú 272, Montserrat • 4342 6973 • www.manzanadelasluces.gov.ar*

10 Museo Casa Carlos Gardel

Das Museum befindet sich in dem Haus, in dem Gardel *(siehe S. 28f)* einige Jahre vor seinem Tod 1933 mit seiner Mutter lebte. In der typischen *casa chorizo* aus dem frühen 20. Jahrhundert wird Gardels Leben anhand von Familienfotos, Schallplatten und Filmplakaten illustriert, ein kleines Kino zeigt seine Filme. Ein Teil des Hauses ist wie zu Lebzeiten des Tango-Stars rekonstruiert. *Karte M5 • C. Jean Jaurés 735, Abasto • 4964-2015 • Mo & Mi–Fr 11–18 Uhr, Sa & So 10–19 Uhr • Eintritt • www.museocasacarlosgardel.buenosaires.gov.ar*

Museo Casa Carlos Gardel

Ein Tag Stadtgeschichte

Vormittag

Nach einem Frühstück im **La Americana** *(siehe S. 57)* folgen Sie der **Avenida de Mayo** Richtung Osten und bewundern prachtvolle Bauten wie das Jugendstilgebäude des **Hotel Chile** *(siehe S. 14)* und den neugotischen **Palacio Barolo** *(siehe S. 14)*. Biegen Sie rechts in die Calle Perú ein, dort stoßen Sie nach zwei Blocks auf die **Manzana de las Luces**, die Sie ins Buenos Aires des 17. Jahrhunderts zurückversetzt. Erkunden Sie auch die umliegenden Straßen und das **Museo de la Ciudad**. Zurück auf der Avenida de Mayo gibt es im **Café Tortoni** *(siehe S. 15)* Kaffee und Croissants, bevor Sie nach Westen zur **Avenida 9 de Julio** gehen und an einer Führung durch das **Teatro Colón** teilnehmen.

Nachmittag

Nun geht es nach Recoleta. Essen Sie im Café **La Biela** *(siehe S. 70)*, es liegt gegenüber dem **Cementerio de la Recoleta**, dessen stillen Wege Sie im Anschluss entlangspazieren können. Das **Centro Cultural Recoleta** bietet zeitgenössische Kunst und wunderbare Aussicht von der Dachterrasse. Gehen Sie nun über die **Plaza Francia** *(siehe S. 37)* zur Avenida Alvear. Das reizende **Alvear Palace Hotel** *(siehe S. 112)* in östlicher Richtung bietet sich für einen Imbiss an. Noch ein wenig weiter östlich können Sie dann durch edle Boutiquen stöbern. Ein Abendessen mit gutem Wein in der schicken **Gran Bar Danzón** *(siehe S. 70)* beschließt den Tag.

In der Calle Zelaye, einer Straße nahe dem Museo Casa Carlos Gardel, sind Wandgemälde mit Tango-Motiven zu sehen.

Links **Kosiuko** Mitte **Tramando** Rechts **Ona Sáez**

TOP 10 Shopping in Recoleta

1 Puro Diseño
Puro Diseño gehört zu den vielen Läden für Inneneinrichtung in der Gegend. Hier erhalten Sie moderne, innovative Haushaltsgegenstände. *Karte N3 • Avda. Pueyrredón 2501 • 5777-6104*

2 Tramando
Die Boutique hat sowohl Damenmode als auch Wohnaccessoires im Angebot. Die Kollektionen sind stilvoll, exklusiv und handgefertigt. *Karte P4 • Calle Rodríguez Peña 1973 • 4811-0465*

3 Kosiuko
Kosiuko verkauft flippige Mode für Männer, Frauen und Kinder zu guten Preisen. *Karte N5 • Avda. Santa Fe 1779 • 4815-2555*

4 Ona Sáez
Der Laden bietet schicke Abendbekleidung für Männer, verführerische Cocktailkleider und trendige Alltagsmode wie Cargohosen. *Karte N5 • Avda. Santa Fe 1651 • 4813-2834*

5 Vasalissa
Der Chocolatier hat u. a. mit Champagner, Cassis oder Maracuja gefüllte belgische Schokolade im Sortiment. *Karte P4 • Avda. Callao 1940 • 4806-4158*

6 De Maria
So manches Frauenherz schlägt bei den edlen Schuhen und Accessoires aus Schlangen- oder Lackleder höher. *Karte P4 • Calle Libertad 1655 • 4815-5001*

7 Lulu of London
Das Angebot des exklusiven Schönheitssalons umfasst Haarentfernung, Aromatherapie und Massagen. Terminvereinbarung empfiehlt sich. *Karte N5 • Calle Rodríguez Peña 1057 • 4815-8471*

8 María Vásquez
Die blumengeschmückte Boutique bildet den perfekten Rahmen für die exquisite Mode für die junge Frau. Die Preise sind gehoben. *Karte P4 • Calle Libertad 1632 • 4815-6333*

9 Celedonio
Der Juwelier fertigt außergewöhnliche Ketten in eindrucksvollem barocken Stil. Er verwendet Silber und Schmucksteine wie Jade, Korallen und Perlen. *Karte P4 • Galería Promenade, Avda. Alvear 1883 • 4809-0046*

10 Benedit Bis
Die Schwestern Benedit entwerfen aufregende Mode für junge Frauen. Die Designs aus luftigem Material zeigen kräftige Farben. *Karte P4 • Galería Promenade, Avda. Alvear 1883 • 4806-0985*

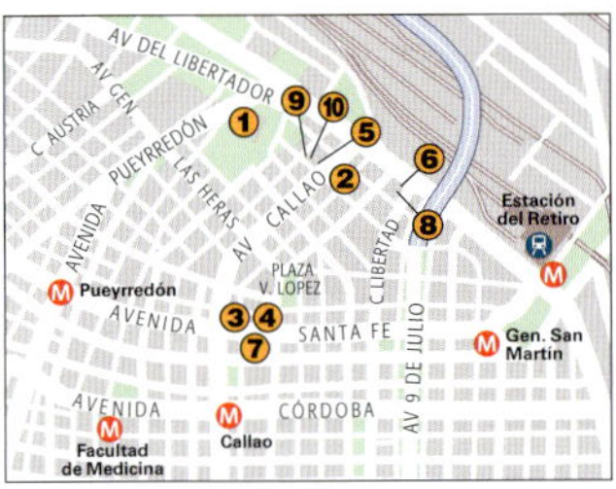

In jedem Laden der Stadt werden Einkäufe auf die Bitte para regalar *hin gern als Geschenk verpackt.*

Links **Teatro La Metropolitan** Mitte **Teatro Gran Rex** Rechts **Cadore**

TOP 10 Avenida Corrientes

1 Libreria Losada
Die mehr als 50 000 Titel in dem Buchladen bieten eine große thematische Vielfalt. *Karte N6 • Avda. Corrientes 1551 • 4375-5001*

2 Rigoletto Curioso
Der Laden verkauft Pop-Andenken und Reproduktionen. Besondere Beachtung verdienen die großartigen alten Theaterplakate. *Karte N6 • Avda. Corrientes 1660 • 6320-5310*

3 Zum Edelweiss
Das Restaurant erinnert an die Blütezeit der Avenida Corrientes in den 1940er Jahren. Es wird seit 1933 von derselben Familie deutscher Abstammung geführt. *Karte P6 • C. Libertad 431 • 4382-3351*

4 Teatro La Metropolitan
Das Theater in einem Art-déco-Gebäude bringt neben einheimischen Produktionen auch Aufführungen im Broadway-Stil auf die Bühne. *Karte P6 • Avda. Corrientes 1343 • 5219-0648*

5 Bombonera Bombonella
Erstehen Sie süße Souvenirs wie große Zuckerherzen oder nationale Wahrzeichen aus Schokolade. *Karte P6 • Avda. Corrientes 1479 • 4371-0633*

6 Teatro San Martín
Das staatliche Theater verfügt über drei Säle und ein Programmkino. Es zeigt erstklassige Ballettaufführungen. *Karte P6 • Avda. Corrientes 1530 • 0800-333-5254*

7 Bar La Paz
Das 1944 eröffnete Café war einst bei Theaterbesuchern sehr beliebt. Auch wenn sich die Einrichtung stark verändert hat, ist es einen Besuch wert. *Karte P6 • Avda. Corrientes 1593 • 4373-3647*

8 Cadore
Die Familie Cadore gründete in den 1880er Jahren eine Eisdiele in Italien, in den 1950er Jahren kam sie nach Buenos Aires. Kosten Sie das hausgemachte *Dulce-de-leche*-Eis. *Karte P6 • Avda. Corrientes 1695 • 4373-9797*

9 Teatro Gran Rex
Das 1937 im Art-déco-Stil errichtete Theater gehört zu den berühmtesten Musik- und Schauspielstätten der Stadt und wurde schon von vielen internationalen Künstlern beehrt. *Karte Q6 • Avda. Corrientes 857 • 4322-8000*

10 Correo Central
Das 1928 von Norbert Maillard als Hauptpostamt erbaute Gebäude ist ein herausragendes Beispiel der Beaux-Arts-Architektur. *Karte R6 • Calle Sarmiento 151*

Viele Tango-Künstler besangen die Avenida Corrientes **www.todotango.com**

Links **Notorious** Mitte **La Biela** Rechts **Clásica y Moderna**

TOP 10 Bars & Cafés

1 El Banderín
Das 1926 eröffnete Café ist ein Juwel. Gäste genießen Nostalgie, gute Sandwiches und ein *copa* (Glas) Wein. *Karte L5 • Calle Guardia Vieja 3601, Almagro • 4862-7757*

2 Bar Celta
Eine Lounge und Sofas sorgen für Entspannung. Die durchgehend geöffnete Bar bietet sich auch zum Frühstück nach einer langen Clubnacht an. Mittwochs gibt es Livejazz. *Karte N6 • Calle Sarmiento 1702, Congreso • 4371-7338*

3 The Shamrock
Die Bar hat eine schicke Klientel. Am Wochenende spielen DJs in dem Club im Untergeschoss House. *Karte N5 • Calle Rodríguez Peña 1220, Recoleta • 4812-3584*

4 Milión
Die romantische Galerie-Bar in einem Haus aus der Zeit um 1900 besitzt Jugendstiltreppen und Buntglasfenster. *Karte P5 • Calle Paraná 1048, Recoleta • 4815-9925*

5 Notorious
Im hinteren Barbereich des Jazzcafés spielen Musiker, im vorderen Salon kann man über Kopfhörer Coltrane oder Ellington lauschen. *Karte N5 • Avda. Callao 966, Barrio Norte • 4813-6888*

6 Jack The Ripper
Kronleuchter, Antiquitäten und Samtsofas zieren die elegante Belle-Époque-Bar. *Karte P4 • C. Libertad 1275, Recoleta • 4816-7508*

7 Clásica y Moderna
Die mondäne Bar mit Ziegelwänden, gedämpftem Licht und Steinboden bietet jeden Abend Live-Tango. *Karte N5 • Avda. Callao 892, Barrio Norte • 4812-8707*

8 Gran Bar Danzón
Die Treppe vor dem Restaurant mit Weinbar ist von Kerzen erleuchtet, das Ambiente nüchtern schick. Neben der köstlichen südamerikanischen Küche überzeugt die Weinkarte. *Karte P5 • C. Libertad 1161, Recoleta • 4811-1108*

9 Buller Brewing Company
Die Bar amerikanischen Stils braut ihr eigenes Bier. An den Wochenenden herrscht muntere Party-Atmosphäre. *Karte P4 • Calle Presidente Roberto M. Ortíz 1827, Recoleta • 4808-9061*

10 La Biela
Das historische Eckcafé mit Terrasse war einst bei den Intellektuellen der Stadt und bei dem Rennfahrer Juan Manuel Fangio beliebt. Das Interieur ist noch original. *Karte P4 • Avda. Quintana 596, Recoleta • 4804-0449*

Clásica y Moderna im Internet **www.clasicaymoderna.com**

Duhau Restaurante

Preiskategorien

Preis für ein Drei-Gänge-Menü pro Person mit einer halben Flasche Wein, inkl. Steuern und Service.	$	unter 40 $
	$$	40–60 $
	$$$	60–100 $
	$$$$	100–140 $
	$$$$$	über 140 $

TOP 10 Restaurants

1 Mamá Jacinta
Das koschere Restaurant im jüdischen Viertel serviert Aschkenasim-, Sephardim- und argentinische Küche. *Karte M5 • C. Tucumán 2580, Congreso • 4962-9149 • $$$$*

2 Duhau Restaurante
In luxuriösem Ambiente mit Gewölbedecken genießen Gäste französisch inspirierte Speisen. *Karte P4 • Park Hyatt Buenos Aires, Avda. Alvear 1661 • 5171-1340 • $$$$$*

3 Nectarine
Die französische Küche in dem einladenden Restaurant ist superb, die Weinkarte exzellent. *Karte P4 • Calle Vicente López 1661, Recoleta • 4813-6993 • $$$$$*

4 La Bourgogne
Das *Relais-gourmand*-Restaurant – das einzige der Stadt – bietet exzellente französische Küche und eine hervorragende Weinauswahl. *Karte P4 • Alvear Palace Hotel, Calle Ayacucho 2023, Recoleta • 4805-3857 • $$$$$*

5 Cantina Pierino
Die 1909 eröffnete italienische *cantina* besuchten schon Astor Piazzolla und Aníbal Troilo *(siehe S. 28)*. Es gibt hausgemachte Pasta sowie Fleisch- und Fischgerichte. *Karte L5 • Lavalle 3499, Abasto • 4864-5715 • $$$*

6 Status
Die köstliche authentisch peruanische Küche des Lokals ist erfreulich preiswert. Besonders lecker sind geschmortes Lamm, *ceviche* und der Pisco Sour. *Karte D1 • Calle Virrey Y. Cevallos 178, Congreso • 4382-8531 • $$$*

7 Campo dei Fiori
In der offenen Küche des italienischen Restaurants werden Pasta, Fisch und Fleisch gekonnt zubereitet. *Karte D2 • Calle Venezuela 1411, Montserrat • 4381-1800 • $$$*

8 Cumaná
Neben regionalen Spezialitäten wie *locro* und *empanadas* genießt man hier italienische Küche. *Karte N5 • Calle Rodríguez Peña 1149, Recoleta • 4813-9207 • $$$*

9 Restó
In dem schönen Gebäude lassen Gäste sich Kreationen der modernen argentinischen Küche schmecken. *Karte P5 • Calle Montevideo 938, Recoleta • 4816-6711 • $$$*

10 El Cuartito
Das 1934 eröffnete Restaurant in Familienhand serviert leckere, original italienische Pizzas. *Karte P5 • Calle Talcahuano 937, Barrio Norte • 4816-1758 • $*

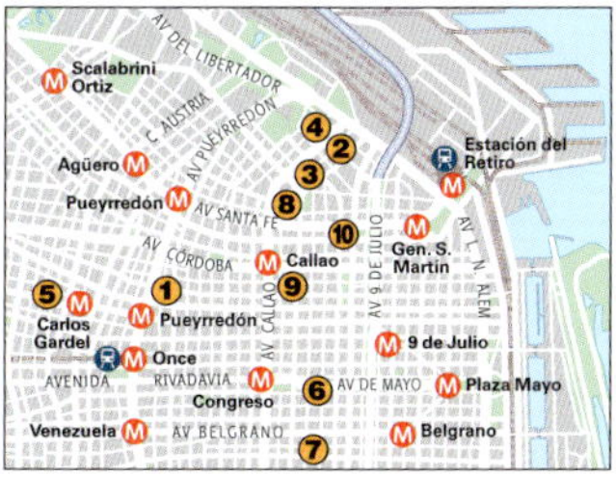

Alle Preise in diesem Buch werden in Argentinischen Pesos (Abkürzung: $) angegeben.

Links **Filete-Schilder, Plaza Dorrego, San Telmo** Rechts **Parque Lezama**

San Telmo & La Boca

DIE BEZAUBERNDEN BARRIOS *San Telmo und La Boca bilden den mythenreichen alten Süden der Metropole. San Telmo, einst koloniales Herz der Stadt, lockt mit Kopfsteinpflasterstraßen, die alte Kirchen, Kolonialbauten und Antiquitätenläden säumen. Trotz anhaltender sozialer Aufwertung prägen alte Cafés, bröckelnde Stuckfassaden und Tango-Bars das Arbeiter- und Künstlerviertel. Der Tango entstand in den* conventillos *von La Boca, dem ersten Hafen der Stadt. Vor Ankunft der italienischen Einwanderer in den 1880er Jahren war La Boca eine Siedlung für afrikanische Sklaven. Es ist noch heute eines der ärmsten, aber kulturell vitalsten Viertel von Buenos Aires.*

Kunstverkauf, Calle Caminito

TOP 10 Attraktionen

1. Calle Caminito
2. La Bombonera
3. Fundación Proa
4. Casa Mínima
5. Parque Lezama & Museo Histórico Nacional
6. Plaza Dorrego
7. Museo de la Pasión Boquense
8. Iglesia Ortodoxa Rusa
9. Puente Transbordador
10. El Zanjón

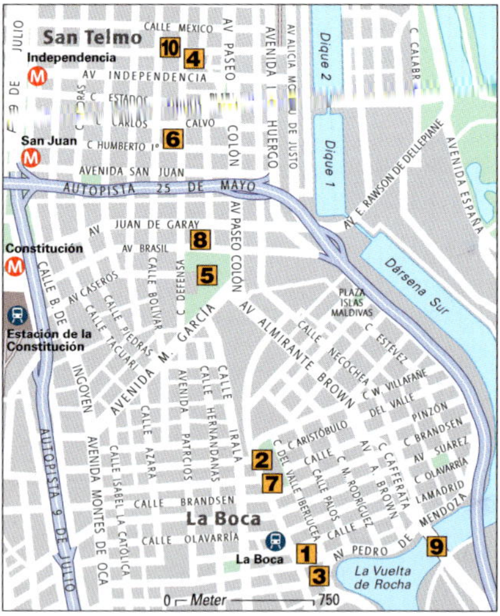

In den conventillos, einfachen Mietunterkünften des 19. Jahrhunderts, lebten oft mehrere Einwandererfamilien zusammen.

1 Calle Caminito

Die kurvige Kopfsteinpflasterstraße ist für die von italienischen Einwanderern errichteten farbigen *conventillos* berühmt. Die Häuser aus gewelltem Zinkblech wurden von den ursprünglichen Einwohnern mit Farbresten von dem nahe gelegenen Hafen bunt gestrichen. Heute sorgen Künstler, die hier ihre Werke verkaufen, stimmungsvolle Tango-Bars und Cafés für eine lebendige Atmosphäre. *Karte G6*

2 La Bombonera

Das Stadion von 1940 ist die Heimstatt der Boca Juniors, eines der erfolgreichsten argentinischen Fußballclubs, für den auch Maradona kurzzeitig spielte. An Spieltagen herrscht in der »Pralinenschachtel«, wo drei Zuschauerränge beinahe senkrecht emporragen, hitzige Atmosphäre. Auch Konzerte finden hier statt.

Karte G6 • Calle Brandsen 805, La Boca • 4362-1100 • tägl. 10–18 Uhr • Eintritt • www.bocajuniors.com.ar

3 Fundación Proa

Das in einem umgebauten Hafengebäude ansässige Kunstzentrum gehört zu den interessantesten der Stadt. In sechs Wechselausstellungen pro Jahr werden Hauptströmungen der zeitgenössischen Kunst präsentiert. Bisherige Ausstellungen zeigten z. B. Werke von Diego Rivera und Marcel Duchamps.

Karte G6 • Avda. Pedro de Mendoza 1929, La Boca • 4104-1000 • Di–So 11–19 Uhr • Eintritt • www.proa.org

Die schmale Fassade der Casa Mínima

4 Casa Mínima

Das kleinste Haus in San Telmo misst zwei auf acht Meter. Es diente einst als Torweg zur benachbarten Villa. 1813 schenkte es der Hausherr seinen befreiten Sklaven. *Karte F3 • Pasaje Lorenzo 380, San Telmo • 4361-3002 • Führungen: Mo–Fr 10.30 Uhr & 16 Uhr • Eintritt • www.elzanjon.com.ar*

Zuschauerränge im Fußballstadion La Bombonera

Die farbenprächtige Volkskunst Filete*, die Läden, Busse und Tango-Clubs ziert, kann man am besten in San Telmo erwerben.*

Gelbfieber

Die 1871 in Buenos Aires ausgebrochene tödliche Gelbfieber-Epidemie wütete besonders heftig in San Telmo. Mit der Flucht wohlhabender Einwohner in die neuen Viertel Recoleta und Barrio Norte setzte der Niedergang im Süden der Stadt ein. Die Kluft zwischen den reichen Vierteln im Norden und den ärmlichen südlichen Gegenden war entstanden.

5 Parque Lezama & Museo Histórico Nacional

Familien picknicken gern in dem weitläufigen Landschaftsgarten mit tropischen *Tipa*-Bäumen, Grünflächen und einem großen Aussichtsaltan. Der Park gehörte ursprünglich zum Anwesen der Familie Lezama. In dem wunderbaren Herrenhaus italienischen Stils ist heute das Historische Nationalmuseum Argentiniens ansässig. Seine faszinierenden Exponate erzählen von der wechselvollen Geschichte des Landes von präkolumbischer Zeit bis ins 20. Jahrhundert, einschließlich der Gründung von Buenos Aires *(siehe S. 32)*. *Karte F4 • Calle Defensa 1600, San Telmo • 4307-1182 • Mi–So 11–18 Uhr • Eintritt*

6 Plaza Dorrego

Die Plaza Dorrego im Zentrum von San Telmo ist einer der ältesten und malerischsten Plätze der Stadt. Die Ursprünge des von alten Tango-Bars und Cafés umgebenen Platzes reichen bis ins 18. Jahrhundert zurück, als Gauchos hier von Wagen ihre Waren verkauften. Heute ist der Platz für den sonntäglichen Antiquitätenmarkt, die Feria de Antigüedades *(siehe S. 18)*, bekannt. Unter der Woche ist die Plaza ein hübscher Ort für Drinks und Snacks im Freien. *Karte F3*

7 Museo de la Pasión Boquense

Das Museum widmet sich hingebungsvoll dem ruhmreichen Fußballclub Boca Juniors. Es präsentiert Trophäen, alte Spielertrikots und diverse Dokumente wie etwa Filmaufnahmen aus den 1920er Jahren. Besucher können sich mit einem Abbild Maradonas fotografieren lassen oder im Vereinsshop eine Flasche La-Boca-Wein erstehen.
Karte G6 • Calle Brandsen 805, La Boca • 4362-1100 • tägl. 10–18 Uhr • Eintritt • www.museoboquense.com

8 Iglesia Ortodoxa Rusa

Der Bau der russisch-orthodoxen Kirche 1901 festigte den Status San Telmos als Schmelztiegel der Kulturen. Das beeindruckende blau-weiße Gebäude mit Zwiebeltürmen gleicht den Kirchen der russischen Hauptstadt, wo es entworfen wurde. Der Bau wurde vom russischen Zaren und der orthodoxen Gemeinde von Buenos Aires finanziert. *Karte F4 • Avda. Brasil 315, San Telmo*

Iglesia Ortodoxa Rusa

9 Puente Transbordador

Die 1908 erbaute Schwebefähre, La Bocas bedeutendstes Wahrzeichen, ist eines von rund einem Dutzend verbliebener Bauwerke dieser

Mehr über La Boca **www.buenosairesquerible.gov.ar**

Puente Transbordador

Art auf der Welt. Die gewaltige Eisenkonstruktion überspannt den Río Riachuelo, der das Zentrum von Buenos Aires von den von Armut und Kriminalität geprägten Randgebieten trennt. Die Fähre brachte einst Fußgänger, Autos und Straßenbahnen über den Fluss. 1939 übernahm dann der Puente Nicolás Avellaneda diese Funktion. Der Puente Transbordador ist in vielen Tango-Filmen zu sehen. *Karte H6*
• Avda. Pedro de Mendoza, Ecke Avda. Almirante Brown

10 El Zanjón

El Zanjón (»Der Graben«) ist ein archäologisches Juwel. Das in den 1840er Jahren für die Familie Miguens errichtete Herrenhaus wurde später in ein *conventillo* für Einwanderer umgestaltet, die eigentliche Attraktion liegt jedoch unter dem Haus: Das Fundament bedeckt die Ruinen von Kolonialhäusern, die von frühen Siedlern an den Ufern zweier zusammenfließender Bäche erbaut worden waren. Neben den Ruinen verlaufen Tunnel, die die Bäche aus hygienischen Gründen einschlossen. Die Anlage kann im Rahmen einer faszinierenden einstündigen Führung erkundet werden.
Karte F3 • Calle Defensa 755, San Telmo • 4361-3002 • Führungen (nach Anmeldung): Mo–Fr 11–16 Uhr, So 13–18 Uhr • Eintritt • www.elzanjon.com.ar

Ein Tag in San Telmo & La Boca

Vormittag

Beginnen Sie den Tag mit einem starken Kaffee in der **Bar Plaza Dorrego** *(siehe S. 77)* in San Telmo. Auf dem Weg Richtung Norden laden dann Antiquitätenläden und Kunstgalerien zum Stöbern ein. Frisches Obst bekommen Sie auf dem **Mercado de San Telmo** *(siehe S. 19)*. Stärken Sie sich, bevor Sie die Tunnel und Ruinen von **El Zanjón** erkunden und die **Casa Mínima** besuchen. Die nahe gelegene Calle Balcarce ist von Kolonialbauten gesäumt und lohnt einen Blick. Auf dem Rückweg über die **Plaza Dorrego** bis zum **Parque Lezama** wartet die **Iglesia Nuestra Señora de Belén** *(siehe S. 19)* auf einen Besuch. Nach einem guten Steak im **Lezama** *(siehe S. 77)* empfiehlt sich dann ein Spaziergang durch den zauberhaften Park.

Nachmittag

Nehmen Sie den Bus Nr. 29 nach San Telmo bis zur Endhaltestelle in La Boca. Im Norden liegt der **Puente Transbordador**, im Süden die reizvolle **Calle Caminito** – ein Freiluftmuseum mit bunten Häusern, das es zu erkunden gilt. Die rechts abzweigende Calle Garibaldi führt zu **La Bombonera**. Nach der Besichtigung des Stadions erwartet Sie noch das **Museo de la Pasión Boquense**, dann gehen Sie gemächlich Richtung Hafen, wo die **Fundación Proa** moderne Kunst präsentiert. Im edlen Restaurant **Patagonia Sur** *(siehe S. 77)* in San Telmo können Sie den Tag stilvoll bei einem Essen und Tango ausklingen lassen.

Vorsicht: Die Gegend um den Puente Transbordador ist gefährlich. Man sollte dort nicht spazieren gehen.

Links **L'Ago** Mitte **Flavio Seratti Arte y Antigüedades** Rechts **Silvia Petroccia**

TOP 10 Galerien & Antiquitätenläden

1 Gil Antigüedades
Im Angebot sind Mode aus den 1920er Jahren, alte Portemonnaies und Babykleidung aus dem 19. Jahrhundert. ⊗ *Karte F3 • Calle Humberto 1°, 412 • 4361-5019 • www.gilantiguedades.com.ar*

2 Guevara Art Gallery
Die Galerie bietet Art-déco- und Jugendstilstücke, vor allem Möbel und Dekorationsgegenstände. ⊗ *Karte F3 • Calle Defensa 982 • 4362-7718 • www.guevaragallery.com*

3 Silvia Petroccia
Der reizende Laden ist mit italienischen und französischen Antiquitäten aus dem 18. und 19. Jahrhundert angefüllt. ⊗ *Karte F3 • Calle Defensa 1002 • 4362-0156 • www.spantiques.com.ar*

4 Wussmann
Die Galerie präsentiert sowohl Werke arrivierter Künstler als auch Arbeiten aufstrebender Talente. ⊗ *Karte F2 • Calla Venezuela 574 • 4343 4707 • www.wussmann.com*

5 HB Antigüedades
Stöbern Sie hier nach französischen Gemälden, Möbeln und Schmuck aus dem 19. Jahrhundert. ⊗ *Karte F3 • Calle Defensa 1016 • 4361-3325 • www.hbantiques.com.ar*

6 Espacio Ecléctico
Die Galerie im Zentrum San Telmos fördert junge Künstler. Die Werke umfassen Skulpturen, Gemälde und Fotografien. ⊗ *Karte F4 • Calle Humberto 1° 730 • 4307-1966 • www.espacioeclectico.com.ar*

7 L'Ago
Der Spezialist für Wohnaccessoires betont das Unkonventionelle und Exzentrische – von grell pinkfarbenen Sofakissen bis zu Armbändern mit katholischen Symbolen und Heiligen. ⊗ *Karte F3 • Calle Defensa 919 & 970 • 4362-3641 • www.lagosantelmo.com*

8 Mitra
Unter den wunderbaren Kunstwerken der modernen Galerie finden sich abstrakte Arbeiten regionaler Künstler. ⊗ *Karte F4 • Calle Defensa 1444 • 4307-0659*

9 Flavio Seratti Arte y Antigüedades
[illegible] 1920er und 1960er Jahren zählen schöne Art-déco-Stücke aus Europa, aber auch Skurrilitäten wie Schmuckkästchen aus Haifischhaut. ⊗ *Karte F3 • Calle Defensa 914 • 4361-1258*

10 Appetite
Die reizvollen Exponate – Fotografien, Gemälde und Installationen junger Künstler aus der Region – wechseln monatlich. ⊗ *Karte F2 • Calle Chacabuco 551 • 4331-5405 • www.appetite.com.ar*

Kunsthandwerksläden in Buenos Aires **siehe S. 38f**

Weinauswahl in der Brasserie Petanque

Preiskategorien

Preis für ein Drei-Gänge-Menü pro Person mit einer halben Flasche Wein, inkl. Steuern und Service.	$	unter 40 $
	$$	40–60 $
	$$$	60–100 $
	$$$$	100–140 $
	$$$$$	über 140 $

TOP 10 Bars & Restaurants

1 647
Das schicke Restaurant eignet sich perfekt für einen romantischen Abend zu zweit. Die moderne argentinische Küche kann man in Separees bei Kerzenschein oder im großen Gastraum genießen. *Karte E3 • Calle Tacuarí 647 • 4331-3026 • $$$$*

2 Bar Plaza Dorrego
San Telmos romantischste Kneipe lockt mit einzigartigem Charme – vom Mosaikboden über die Holzvitrinen bis hin zur abgenutzten Bar. *Karte F3 • Calle Defensa 1098 • 4361-0141 • $$$*

3 Gibraltar
Das britische Pub bietet gute Kost wie scharfe Currys und riesige Burger. Es gibt einen Billardtisch und eine Veranda. *Karte F3 • Calle Perú 895 • 4362-5310 • $$$*

4 Lezama
Die traditionelle *parrilla* ist in Familienhand. Hier schrieb Ernesto Sábato *Hombres y Engranajes*. Die Tische am Fenster bieten Blick auf den Parque Lezama *(siehe S. 74)*. *Karte F4 • Avda. Brasil 359 • 4361-0114 • $$$*

5 Comedor Nikkai
Anders als trendige Sushi-Bars reicht das bei ortsansässigen Japanern beliebte Lokal traditionelle Gerichte. *Karte F3 • Avda. Independencia 732 • 4300-5848 • $$$*

6 Patagonia Sur
Das Restaurant des Spitzenkochs Francis Mallmann ist eine Klasse für sich. Es bietet moderne argentinische Küche in wunderschönen Räumlichkeiten. *Karte G6 • Calle Rocha 801 • 4303-5917 • $$$$$*

7 Brasserie Petanque
Die Küche der französischen Brasserie ist original pariserisch, die Atmosphäre bezaubernd. Die Speisekarte wird auf antike Spiegel geschrieben. *Karte F2 • Calle Defensa 596 • 4342-7930 • $$$*

8 Amici Miei
Das Amici Miei bietet schöne Sicht auf die Plaza Dorrego *(siehe S. 74)*. Auf der Karte stehen leckere italienische Gerichte. *Karte F3 • Calle Defensa 1072 • 4362-5562 • $$$$*

9 Antigua Tasca de Cuchilleros
Ein Haus aus den 1730er Jahren mit Lehmmauern und Dachbalken birgt diese *parrilla*. Unter dem Fußboden verlaufen alte Geheimtunnel. *Karte F3 • Calle Carlos Calvo 319 • 4300-5798 • $$$$$*

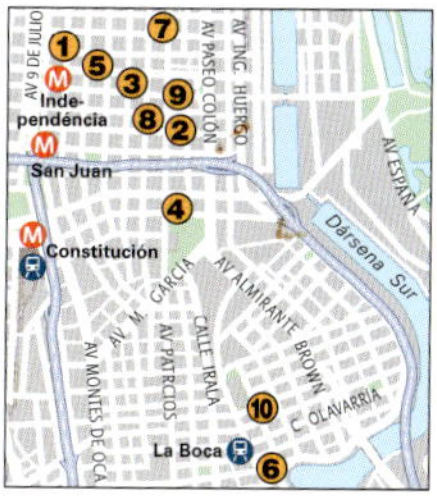

10 Don Carlos
Das vielseitige Angebot des Restaurants beinhaltet üppige Portionen leckerer *picadas* (Tapas) aus Pizza, Pasta, *pescado* (Fisch) und Fleisch. *Karte G6 • Calle Brandsen 699 • 4362-2433 • $$$*

Restaurant-Tipps **siehe S. 111**

FUTURA

Mercedes Benz
HOTEL REPUBLICA

Links **Plaza de Mayo** Rechts **Plaza San Martín**

Microcentro, Puerto Madero & Retiro

DIE PLAZA DE MAYO *ist seit Jahrhunderten ein Fixpunkt des kulturellen und städtischen Lebens von Buenos Aires. Das nahe gelegene Puerto Madero dagegen wurde erst 2007 in das Verkehrsnetz der Stadt integriert. Beide Gegenden stehen für die Liebe der* Porteños *zur Vergangenheit und die Begeisterung für die Moderne. Die Plaza de Mayo prägt Microcentro, das Wirtschafts- und Finanzzentrum der Stadt. Die von Buchläden und Boutiquen gesäumte, bei Straßenmusikern beliebte Fußgängerzone Calle Florida läuft von der Plaza de Mayo zur prächtigen Plaza San Martín. Der abschüssige Platz ist das Herz von Retiro. An der Avenida Alem liegt dessen imposanter, von britischen Architekten entworfener Bahnhof. Südlich davon finden sich restaurierte Ziegelbauten – einstige Handelshäuser – und das Gewerbegebiet von Puerto Madero, ein Ausdruck des neuen Selbstbewusstseins der Stadt.*

Obelisco de Buenos Aires

TOP 10 Attraktionen

1. Plaza San Martín
2. [illegible]
3. Obelisco de Buenos Aires
4. Centro Cultural Borges
5. Puente de la Mujer
6. Reserva Ecológica Costanera Sur
7. Basílica Nuestra Señora de la Merced
8. Museo Mitre
9. Plaza de Mayo
10. Plaza Embajada de Israel

Vorhergehende Doppelseite **Avenida de Mayo bei Nacht**

1 Plaza San Martín

Der gepflegteste Platz der Stadt *(siehe S. 36)* ist rundum bezaubernd. Den höchsten Punkt an der Avenida Santa Fe nimmt eine gewaltige Statue ein, die den siegreichen General San Martín zu Pferde zeigt. Angestellte verbringen ihre Mittagspause gern auf dem Rand des Sockels sitzend. Auf den gepflegten Rasenflächen kann man im Schatten von Palmen, stattlichen Ombubäumen und Eichen entspannen. Von Ende Oktober bis Mitte Dezember tragen die Jacarandabäume neben der Treppe zum Denkmal für die Gefallenen des Falklandkriegs lila Blüten. *Karte Q5*

Reiterstandbild San Martíns

2 Calle Florida

Zehn Häuserblocks reinen Konsumrauschs mögen abschreckend wirken, die Vielfalt der Läden an der Calle Florida und das Vergnügen, Leute zu beobachten, faszinieren jedoch. Imbissbuden reihen sich an edle Juweliere, Menschentrauben rund um Zauberer und Tango-Tänzer blockieren die Gehsteige, Werber preisen mit Flugzetteln maßgeschneiderte Lederjacken an. Lassen Sie sich mit dem Strom von der Plaza de Mayo zur Plaza San Martín treiben – Sie werden die dortige Ruhe dann schätzen. *Karte Q5*

3 Obelisco de Buenos Aires

Monumentale Skulpturen können kaum verwegener sein als der 67 Meter hohe Obelisk auf der Avenida 9 de Julio. Er wurde 1936 anlässlich des 400. Jahrestags der Stadtgründung errichtet und dient seither Besuchern und *Porteños* als Orientierungspunkt. Fußballfans treffen sich nach Siegen des von ihnen unterstützen Teams üblicherweise an dem Monument *(siehe S. 20)*.

4 Centro Cultural Borges

Ein Kulturzentrum in einer Shopping Mall scheint fehl am Platz, das Konzept des Centro Cultural Borges, das sich ganz Argentiniens bedeutendstem Autor *(siehe S. 33)* widmet, überzeugt indes. Auf drei Etagen sind Briefe und Gedichte ausgestellt, die die Wirkung Jorge Luis Borges' erläutern. Im Vorführsaal begeistert Avantgarde-Tango die Zuschauer. Im Flügel für Bildende Kunst wurden bereits Werke von Joan Miró und Salvador Dalí gezeigt. *Karte Q5 • Galerías Pacífico, Calle Viamonte 125 • 5555-5359 • Mo–Sa 10–21 Uhr, So 12–21 Uhr • Eintritt • www.ccborges.org.ar*

Das Centro Cultural Borges in den Galerías Pacífico

San Martín ist der Nationalheld Argentiniens. Der »Orden des Befreiers San Martín« ist die höchste Auszeichnung im Land.

Lunch auf Microcentro-Art

Wer seine Mittagspause mit einem Sandwich am Schreibtisch verbringt, wird bewundernd und neidvoll auf die Gepflogenheiten in Microcentro blicken: Auf ein Essen in einem Restaurant oder im Schatten auf der Plaza de Mayo folgen Kaffee bei Martínez oder Havanna und ein Nickerchen unter Palmen. Nach zwei Stunden geht es zur Arbeit zurück.

5 Puente de la Mujer

Der Name der von dem spanischen Architekten Santiago Calatrava entworfenen Brücke bezieht sich auf die Straßen in Puerto Madero, die berühmte Argentinierinnen ehren. Die Einweihung der Brücke 2001 sollte den Eintritt Buenos Aires' ins 21. Jahrhundert markieren, aber der Sturz der Regierung dominierte die Schlagzeilen. Die Form der Brücke ist eindrucksvoll: Sie erinnert an einen Tänzer, der sich über seine Partnerin beugt – eine Hommage an den Tango.

Karte G2 • Dique 3

6 Reserva Ecológica Costanera Sur

Das faszinierende Naturreservat durchzieht ein Netz von Kieswegen. Zwischen hohen Sumpfgräsern, Ombubäumen und blühenden Büschen leben Meeresvögel, Eidechsen und Singvögel. Die an warmen Tagen beliebten Picknickplätze bieten Schatten und freien Blick auf den Fluss. Auf der Website des Parks kann man Mondscheinführungen buchen.

Karte H1 • Avda. Tristán Achával Rodríguez 1550 • 4315-4129 • Di–So 8–18 Uhr (Nov–März: bis 19 Uhr) • www.buenosaires.gov.ar

7 Basílica Nuestra Señora de la Merced

Die Basilika von 1779 liegt mitten im Trubel Microcentros. Sie ist die dritte Kirche der Barmherzigen Muttergottes an dieser Stelle, die erste entstand 1604. Die barocken Altäre gehören zu den schönsten der Stadt. Interessant ist das Fassadenrelief mit politischer Aussage: General Belgrano (1770–1820) reicht der Muttergottes eine im Krieg gegen Spanien errungene Trophäe. *Karte F1 • Calle Reconquista 207 • tägl. 8–19 Uhr*

8 Museo Mitre

Der Wohnsitz des Präsidenten Bartolomé Mitre (1821–1906) wurde 1907 zum Museum. Besucher erhalten detaillierten Einblick in das Leben Mitres [illegible] Niederlegung der Amtsgeschäfte.

Der elegante Puente de la Mujer

Das Museo Mitre im Internet **www.museomitre.gov.ar**

Basílica Nuestra Señora de la Merced

Die Bibliothek und der Leseraum bergen auch Briefe von argentinischen Generälen. Die historische Einrichtung, von dem originalen Porzellan des Badezimmers bis zu den spanischen Fliesen im Hof, ist wunderbar erhalten.
Karte F1 • Calle San Martín 336 • 4394-8240 • März–Dez: Mo–Fr 13–17.30 Uhr • Eintritt

9 Plaza de Mayo

Die symmetrische Anlage des Platzes kaschiert die vielen Veränderungen, die die heutige Form bewirkten: 1889 wurden drei Bogen entfernt, um Platz für die Avenida de Mayo zu schaffen. Im Jahr 1931 machte der Bau der Avenida Julio A. Roca den Abriss dreier weiterer Bogen notwendig *(siehe S. 8f)*.

10 Plaza Embajada de Israel

Die 29 Bäume erinnern an die 29 Opfer des Bombenanschlags auf die israelische Botschaft im Jahr 1992 *(siehe S. 33)*. Deren Namen sind in die Mauer auf dem Platz eingraviert. Der am angrenzenden Gebäude noch sichtbare Umriss der einstigen Botschaft vermittelt einen vagen Eindruck vom Ausmaß der Tragödie. *Karte Q4 • Ecke Calle Suipacha & Calle Arroyo*

Ein Tag in Microcentro, Puerto Madero & Retiro

Vormittag

Die Kreuzung von Avenida de Mayo und Avenida 9 de Julio ist mit den U-Bahn-Linien A und C erreichbar. Die Homenaje al Quijote bietet Blick auf den **Obelisco de Buenos Aires**. Folgen Sie der **Avenida de Mayo** *(siehe S. 14f)* zur **Plaza de Mayo**. Der Weg führt an **Cabildo de Buenos Aires** und **Catedral Metropolitana** *(siehe S. 8)* mit dem Grab General San Martíns vorbei. In der Calle San Martín können Sie in einem Café der **Galería Güemes** *(siehe S. 39)* Kaffee und *alfajores* genießen und die Passage aus dem frühen 20. Jahrhundert bewundern. Geben Sie sich in der **Calle Florida** kurz dem Shoppingrausch hin, bevor Sie der Calle Juan Domingo Perón bis nach Puerto Madero folgen.

Nachmittag

Versorgen Sie sich noch rasch an einem Kiosk in Puerto Madero mit Wasser, bevor Sie mit dem Taxi zum nördlichen Eingang des **Reserva Ecológica Costanera Sur** fahren. Im Park können Sie Vögel beobachten oder auch nur an einem der schattigen Picknickplätze mit Blick auf Fluss und Stadt entspannen. Ausgeruht geht es dann zur Avenida Córdoba, der Sie bis zur Calle San Martín folgen. Bei **FILO** *(siehe S. 85)* gibt es leckere Pizza-Kreationen. Spazieren Sie nach Retiro, um in den Kunsthandwerksläden zu stöbern *(siehe S. 38f)*. Unter den Bäumen der grünen **Plaza San Martín** können Sie den Tag ausklingen lassen.

Puerto Madero im Internet **www.puertomadero.com**

Links **Plata Nativa** Rechts **Millai Sumaj**

TOP 10 Shopping

1 Plata Nativa
Volkskunst und Schmuck aus Südamerika werden ansprechend präsentiert. *Karte Q5 • Galería del Sol, Calle Florida 860 • 4312-1398*

2 Blaqué
Der vornehme Laden bietet glamouröse Lederjacken, Handtaschen und Schuhe. *Karte Q5 • Galerías Pacífico, Calle Florida 725 • 5555-5215*

3 Antigüedades Antigüa
Neben traditionellem argentinischen Spielzeug sind hier auch Bücher und Haushaltswaren zu haben. *Karte Q6 • Calle Suipacha 228 • 5029-0133*

4 Polo Club
Dieser kleine Laden mit der Atmosphäre eines Country-Clubs bietet hochwertige Freizeitmode aus Baumwolle und Lederaccessoires. *Karte R6 • Calle Juana Manuela Gorriti 740 • [illegible]*

5 Adolfo Martínez Armas Antiguas
Sammler erstehen in dem alteingesessenen Laden nationale und internationale Militärandenken. *Karte Q5 • Galerías Larreta, Calle Florida 971 • 4311-7305*

6 Millai Sumaj
Die hier präsentierte elegante Damenmode wird aus Merino- und Lamawolle handgefertigt. Das Rohmaterial stammt aus argentinischen Betrieben. *Karte Q5 • Galerías Larreta, Calle Florida 971*

7 Artistas Jóvenes Argentinos
Der exzellente Laden vertreibt die Werke von einigen der progressivsten jungen Maler Argentiniens. *Karte Q5 • Galerías Larreta, Calle Florida 971*

8 Autoria
Von heimischen Künstlern gestaltete Haushaltswaren, limitierte T-Shirts mit Siebdruck und weitere Werke aus verschiedensten Materialien verleihen dem Laden einen Hauch von MALBA. *Karte Q5 • Calle Suipacha 1025*

9 Se Dice de Mí
Der Laden hat von Filmen aus den 1960er Jahren inspirierte T-Shirts, Handtaschen aus recyceltem Material und Dessous im Angebot. *Karte Q5 • Calle Maipú 944 • 4311-1005*

10 Tango Brujo
Viele Tanzpaare tragen den Tango-Nuevo-Stil von Tango Brujo zur Schau. Der elegante Laden im Erdgeschoss bietet nicht nur edle Tango-Mode und hervorragend angepasstes Schuhwerk, sondern auch eine exzellente Musikauswahl. *Karte Q5 • Calle Esmeralda 754 • 4325-8264*

 Shopping-Tipps siehe S. 110

Florida Garden

Preiskategorien

Preis für ein Drei-Gänge-Menü pro Person mit einer halben Flasche Wein, inkl. Steuern und Service.	$	unter 40 $
	$$	40–60 $
	$$$	60–100 $
	$$$$	100–140 $
	$$$$$	über 140 $

TOP 10 Bars & Restaurants

1 La Cigale

Electronica- und Bossa-Nova-Klänge erfüllen die bei Künstlern und Schriftstellern beliebte stimmungsvolle Bar. *Karte Q5 • Avda. 25 de Mayo 722 • 4312-8275 • $*

2 Cabaña Las Lilas

Die günstigen Mittagsangebote überzeugen auch Preisbewusste, im wohl besten Steakhaus der Stadt zu speisen. *Karte R6 • Avda. Alicia Moreau de Justo 516, Puerto Madero • 4313-1336 • $$$$$*

3 Sabot

Hier stimmt einfach alles – von perfekt gebratenem Kalbsbries oder gegrilltem Fisch über die Weinkarte bis zum unaufdringlichen Service. *Karte Q5 • Calle 25 de Mayo 756 • 4313-6587 • abends geschl. • $$*

4 FILO

Die fantasievolle Einrichtung verweist auf die Kreativität der Pizzeria, die unverwechselbare Pasteten und Salate serviert. In dem Lokal finden auch Gemäldeausstellungen statt. *Karte Q5 • Calle San Martín 975 • 4311-1871 • $$*

5 Tribeca

Das moderne Lokal lockt mit exquisiten Fisch-, Fleisch- und Pastagerichten. Wein wählen Gäste aus der kleinen Vinothek. *Karte Q5 • Calle Tucumán 271, Microcentro • 4312-8337 • $$$$*

6 Tomo I

In gediegenem Ambiente werden schmackhafte *Porteño*-Gerichte serviert. *Karte P6 • Calle Carlos Pellegrini 521, Microcentro • 4326-6695 • $$$$*

7 El Patio

Das lebhafte Lokal bietet bodenständige *Porteño*-Gerichte zu guten Preisen. *Karte Q6 • Ex-Convento Grande de San Ramón Nonato, Calle Reconquista 269 • 4343-0290 • $*

8 Dadá

In dem hellen, mit Antiquitäten geschmückten Restaurant genießen Geschäftsleute und Trendsetter den Lunch und die lange Happy Hour. *Karte Q5 • Calle San Martín 941 • 4314-4787 • $$*

9 Florida Garden

Der moderne Look täuscht: Schon Jorge Luis Borges *(siehe S. 59)* debattierte in dem Intellektuellentreff bei Pizzas mit Freunden und Bewunderern. *Karte Q5 • Calle Florida 899 • 4312-7902 • $*

10 Hip Bar

In dem irisch angehauchten Pub genießen Angestellte aus Microcentro nachmittags *tortilla española*. Am Abend sorgen dann britischer Rock und Bier-Specials (ab 18 Uhr) für lebendige Atmosphäre. *Karte F2 • Calle Hipolito Yrigoyen 640 • 4342-0234 • $*

Restaurant-Tipps siehe S. 111

Links **Plaza Serrano** Rechts **Edelboutique in einer Straße in Palermo**

Palermo

PALERMO GILT WELTWEIT ALS SYNONYM *für die modische, trendige Seite Argentiniens. Nach der Wirtschaftskrise um die Jahrtausendwende siedelten sich in dem Viertel zahllose elegante Modeboutiquen, minimalistische Hotels und schicke Restaurants an. In den renovierten* casas chorizos *von Palermo Viejo sind Tattoo-Studios und modische Friseursalons untergebracht. Palermo Chico dagegen kennzeichnen klassizistische Botschaftsgebäude und stattliche Villen. Zwischen den beiden so unterschiedlich geprägten Gegenden liegt die schönste Parklandschaft von Buenos Aires – eine weite Grünfläche, die sich von Recoleta durch den* barrio *Belgrano erstreckt.*

Zeitgenössische Kunst im Museo de Arte Latinoamericano de Buenos Aires (MALBA)

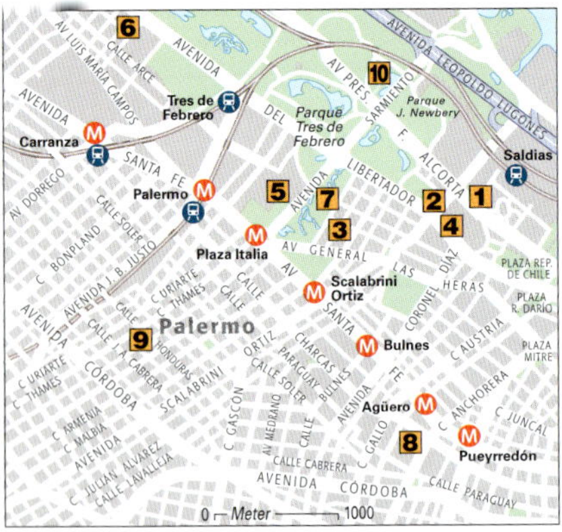

Top 10 Attraktionen

1. Museo de Arte Latinoamericano de Buenos Aires (MALBA)
2. Jardín Japonés
3. Museo Evita
4. Museo de Arte Popular José Hernández
5. Sociedad La Rural
6. Campo Argentino de Polo
7. Zoo Buenos Aires
8. Museo Xul Solar
9. Plaza Serrano
10. Planetario Galileo Galilei

Palermo im Internet **www.palermonline.com.ar**

1 Museo de Arte Latinoamericano de Buenos Aires (MALBA)

Lateinamerikanische Kunst war lange Zeit von Sammlern wenig geschätzt. In den 1980er und 1990er Jahren führte Eduardo Constantinis Erwerb von *Rioplatense*-Kunst zu einer Neubewertung von Xul Solar, Hélio Oitica und Roberto Matta. Werke der Künstler erzielten auf Auktionen Rekordpreise. Heute zeigt das renommierte MALBA die Sammlung Constantinis *(siehe S. 22f)*.

2 Jardín Japonés

Der 1967 eröffnete japanische Garten birgt Koi-Teiche und Brücken, Bonsais, Schreine und Pagoden. Er war ein Geschenk der japanischen Einwohner an die Stadt Buenos Aires. Das Sushi-Café in der Parkanlage serviert den ganzen Tag über hervorragende Sashimi. *Karte M2 • Ecke Avda. Figueroa Alcorta & Avda. Casares • 4804-4922 • tägl. 10–18 Uhr; Restaurant: Mo–Do 10–18.30 Uhr & 19.30–24 Uhr, Fr–So nach Reservierung • Eintritt • www.jardinjapones.org.ar*

Jardín Japonés

Museo Evita

3 Museo Evita

Eva Perón stand ihrem Ehemann in politischer Rhetorik und Charisma nicht nach, in Erinnerung bleibt Sie aber aufgrund ihrer Schönheit, Grazie und zarten Gesundheit. Das Museum in einem eleganten Gebäude, das einst argentinischen Frauen auf Arbeitssuche als Unterkunft diente, wurde 1948 von Evita eingeweiht. Ausgestellt sind Kleider der Präsidentengattin, Briefe, Ausweise und Werbeplakate. Die Videoaufnahmen von politischen Veranstaltungen sind untertitelt. *Karte L3 • Calle Lafinur 2988 • 4807-0306 • Di–So 11–19 Uhr • Führungen in englischer Sprache • Eintritt • www.museoevita.org*

4 Museo de Arte Popular José Hernández

Das Museum ehrt die Vielseitigkeit Argentiniens. Es ist nach dem »argentinischen Homer« José Hernández *(siehe S. 33)* benannt, dem Autor des epischen Gedichts *Martín Fierro* (1872). Auf zwei Etagen werden Volkskunst, Waffen, Schmuck und Textilien präsentiert. Exponate stammen aus der arktischen Tierra del Fuego wie auch aus den Regenwäldern von Misiones. Das Haus, einst ein Hotel, besitzt einen hübschen Garten. *Karte M2 • Avda. del Libertador 2373 • 4803-2384 • Mi–Fr 13–19 Uhr, Sa & So 10–20 Uhr • Führungen: 4801-9019 • Eintritt • www.museohernandez.org.ar*

Mehr über Eva Perón **www.evitaperon.org**

Palermo ganz neu

Es stand kaum zu erwarten, dass ein von Autoindustrie und Alterswohnsitzen geprägtes Viertel den Aufschwung Buenos Aires' nach der Wirtschaftskrise anführen würde. Palermo Viejos *casas chorizos* wurden in die heute typischen Boutiquen und Restaurants umgewandelt. Wegen des neuen städtischen Chics wird das Viertel auch Palermo Soho genannt.

5 Sociedad La Rural

Die Sociedad Argentina Predio la Rural, kurz La Rural, hat seit 120 Jahren ihren Sitz an der Ecke der Avenidas Sarmiento und Santa Fe. Auf dem Gelände finden Reitervorführungen, Tierauktionen, die jährliche Landwirtschaftsmesse *(siehe S. 42f)* und die spektakuläre Opera Pampa *(siehe S. 35)* statt. ✎ *Karte L2 • Avda. Sarmiento 2704 • 4777-5500 • www.larural.com.ar*

Elefanten im Zoo Buenos Aires

6 Campo Argentino de Polo

Polo – die Sportleidenschaft der Oberschicht – ist in Argentinien seit mehr als einem Jahr[illegible] Das klassizistische Campo Argentino de Polo, auch La Catedral genannt, ist das Zentrum des Sports in Argentinien. Es fasst 30 000 Zuschauer. Karten für die offene Meisterschaft im Dezember sind schwer zu bekommen. Tickets für die Qualifikationsrunden im Frühjahr, die einen guten Einblick in die Sportart bieten, sind preiswerter (www.ticketek.com.ar). ✎ *Karte K1 • Calle Arevalo 3065 • 4777-6444 • Sep–Dez • www.aapolo.com*

7 Zoo Buenos Aires

Die meisten Gehege des Zoos bilden die natürlichen Lebensräume der Tiere nach. Die Elefanten wandern um einen kleinen indischen Tempel, die kleinen Pandas um einen chinesischen Pavillon. Die berühmtesten Bewohner des Zoos sind die weißen Königstiger. ✎ *Karte L2 • Ecke Avda. Las Heras & Avda. Sarmiento • 4011-9900 • Di–So 10–18 Uhr • Eintritt • www.zoobuenosaires.com.ar*

8 Museo Xul Solar

Das Museum im einstigen Wohnhaus Xul Solars zeigt die unbegrenzte [illegible] des bedeutendsten abstrakten Expressionisten Argentiniens.

Campo Argentino de Polo

Polo wurde 1873 von Briten, die beim Eisenbahnbau beschäftigt waren, nach Argentinien gebracht.

Drago (Drachen), Museo Xul Solar

Die Ausstellung verdeutlicht die von der europäischen Kunst beeinflusste Entwicklung der metaphysischen Sprache Solars. Die mehrstöckige Galerie bringt die von Solar verwendete Farbpalette – leuchtende Pastelltöne – in hervorragender Weise zur Geltung. *Karte M4 • Calle Laprida 1212 • 4824-3302 • Di–Fr 12–20 Uhr, Sa 12–19 Uhr • Führungen: Di & Do 16 Uhr, Sa 15.30 Uhr • Eintritt • www.xulsolar.org.ar*

9 Plaza Serrano

Die Plaza Serrano (offiziell Plaza Julio Cortázar) ist das Zentrum von Palermo Viejo. An dem schlichten Platz laufen die elegantesten Straßen des Viertels aus allen Richtungen zusammen. *Karte K3 • Ecke Calle Borges & Calle Honduras*

10 Planetario Galileo Galilei

Das Gebäude – eine auf drei Stützen ruhende riesige Kugel – wirkt wie ein Raumschiff aus einem Science-Fiction-Film. Das Planetarium gehört zu den bedeutendsten astronomischen Forschungszentren des Landes. Vorführungen zeigen faszinierende Satellitenbilder. Drei im Nordwesten Argentiniens geborgene Meteoriten bilden die Hauptattraktion. *Karte M1 • Ecke Avda. Sarmiento & Avda. Belisario Roldán • 4771-9393 • Vorführungen (stündlich): Di–Fr 13–16.30 Uhr, Sa, So & Feiertage 14–18 Uhr • Eintritt • www.planetario.gov.ar*

Ein Tag in Palermo

Nachmittag

Beginnen Sie den Nachmittag mit einem Spaziergang durch das Straßenlabyrinth östlich der Avenida Figueroa Alcorta, entlang der prächtigen Villen und Botschaften. Im **Museo de Arte Latinoamericano de Buenos Aries (MALBA)** können Sie selbst beurteilen, ob das eindrucksvolle Gebäude die ausgestellten Werke lateinamerikanischer Kunst in den Schatten stellt. Besuchen Sie auch den tollen Museumsladen. Folgen Sie dann der Avenida Figueroa Alcorta zum **Jardín Japonés**. Sollten Sie beim Anblick der Koi Appetit auf Sushi bekommen, genießen Sie *omakase* (oder köstlichen Kuchen und Tee) im Restaurant des Gartens. Im **Museo Evita** an der Calle Lafinur erhalten Sie anschließend Einblick in das Leben der einstigen argentinischen First Lady.

Abend

Fahren Sie von der Plaza Italia mit dem Bus Nr. 93 zur Calle Honduras, wo es die meisten internationalen Bistros von Palermo gibt. Wenn Ihnen der Sinn nach *picada* und preiswerten Drinks steht, folgen Sie der Calle Honduras bis zur Calle Bonpland. Bei **Acabar** *(siehe S. 92)* können Sie bei Jenga oder einem Brettspiel ein Bier genießen. Auch die Cocktailkarte in der farbenfroh gestalteten Bar ist verlockend. Wählen Sie anschließend an der Kreuzung Calle Honduras und Calle Bonpland das passende Lokal für ein Abendessen aus. Das **Jangada** *(siehe S. 93)* ist nur eines von vielen guten Restaurants in der Umgebung.

Attraktionen für Kinder **siehe S. 60f**

Links **María Cher** Mitte **La Casa de las Botas** Rechts **Félix**

TOP 10 Shopping

1 Gropius

Möbelliebhaber finden in dem schicken Laden edle restaurierte Stücke zu fairen Preisen und auch Repliken von Eames- und Le-Corbusier-Klassikern. *Karte J2 • Calle Honduras 6027 • 4774-2094*

2 Salón Muaré

Wer Kleidung nicht kaufen, sondern ausleihen möchte, ist in der Boutique für tadellos aufbereitete Retro-Mode und einzigartige Accessoires richtig. *Karte J3 • Calle Uriarte 1345, 1F • 4776-5839*

3 La Casa de las Botas

Der Laden verkauft Lederstiefel für alle Reitsportarten. Die Schuhlinie Jodphur ist auch auf Laufstegen zu sehen. *Karte K2 • Calle Paraguay 5062 • 4776-0762*

4 La Pasionaria

In einem restaurierten Lagerhaus im Westen Palermo Viejos bietet dieser nette Laden ein vergnügliches Durcheinander an modernistischem Mobiliar und edlen Art-déco-Accessoires. *Karte J3 • Calle Godoy Cruz 1541 • 4773-0563*

5 María Cher

Das Sortiment an exquisiter Freizeitkleidung aus Baumwolle und schicken Teilen aus Satin wechselt ständig. *Karte K4 • Calle El Salvador 4724 • 4833-4736*

6 Sabater Hnos. Fábrica de Jabones

Die Behälter und Regale des reizenden Ladens bergen Seifen jeder denkbaren Beschaffenheit und Farbe. Die Produkte werden im Haus hergestellt. *Karte K3 • Calle Gurruchaga 1821 • 4833-3004*

7 Capital Diseño y Objetos

Der Laden bietet neben modernistischen Stühlen und ledernen Tischsets auch Kindermöbel und Spielzeug. *Karte K4 • Calle Honduras 4958 • 4834-6555*

8 Félix

Félix stattet Männer aus: Button-Down-Hemden, perfekt geschnittene Jeans und T-Shirts in Grundfarben. Es gibt auch eine Filiale in Recoleta (Calle Libertad 1627). *Karte K3 • Calle Gurruchaga 1670 • 4832-2994*

9 A.Y. Not Dead

Die Clubwear wirkt handgearbeitet und trägt sich deutlich angenehmer als die Mode aus der Galería Bond Street *(siehe S. 39)*. *Karte L4 • Calle Soler 4193 • 4866-4855*

10 Eterna Cadencia

Dieser Buchladen verströmt internationales Flair. Er bietet schöne Kunstbände, englische Literatur und ein gemütliches Café im Atrium. *Karte J3 • Calle Honduras 5582 • 4774-4100*

Shopping-Tipps **siehe S. 110**

Links **República de Acá** Rechts **Pabellón IV**

Kunst & Kult

1 Bar El Taller
Die legere Kneipe an der Plaza Serrano ist gleichzeitig die »Werkstatt« eines Holzkünstlers. In den Räumen werden lustiges handgearbeitetes Spielzeug und Kunstobjekte ausgestellt und verkauft. *Karte K3 • Calle Serrano 1595 • 4831-5501*

2 Pabellón IV
Das vielseitige Kunstzentrum präsentiert Arbeiten von Industriedesignern und Aktionskunst. Eine stimmungsvolle Café-Bar gehört zum Haus. *Karte J3 • Calle Uriarte 1332 • 4772-8745*

3 El Carnal
Die Terrasse ist beliebter Startpunkt für Clubnächte. Die witzige, etwas schäbige Einrichtung lockt auch zurückhaltende Gäste aus der Reserve. *Karte J3 • Calle Niceto Vega 5511 • 4772-7582*

4 Oxiro
Die fotografischen Installationen in dem Multimediakomplex beweisen künstlerischen Mut. *Karte J4 • Calle Gurruchaga 1358 • 4771-3568*

5 Escarlata
Vernissagen in diesem Ausstellungszentrum für Kunst aus der Umgebung zeigen in der Regel turbulenten und ausgelassenen Charakter. *Karte J4 • Calle Serrano 1408 • 4833-9373*

6 República de Acá
Die Bar mit Livebühne ist in Buenos Aires eine feste Größe. Karikaturen und Fotos erinnern an die Blütezeit der Stand-up-Comedy. *Karte J4 • Avda. Alvarez Thomas 601 • 4581-0278*

7 Arte de Mafia
Nach 22 Uhr genießen Gäste zur italienischen Küche Liveunterhaltung in Form von *canzonette italiane* und *tarantelle*. *Karte K3 • Calle El Salvador 4975 • 4831-9213*

8 Brujas
Die Pizzakarte des Lokals steht in harter Konkurrenz zu der des FILO *(siehe S. 85)*. Die Wände zieren Werke einheimischer Künstler. *Karte K3 • Calle Costa Rica 4827 • 4832-7919*

9 Spell Café
Das weiträumige Spell Café umfasst drei Etagen, wo man Pizza, Pasta und Bier genießen kann, eine Kunstgalerie und Raum für Darbietungen. *Karte K4 • Calle Malabia 1738 • 4832-3389*

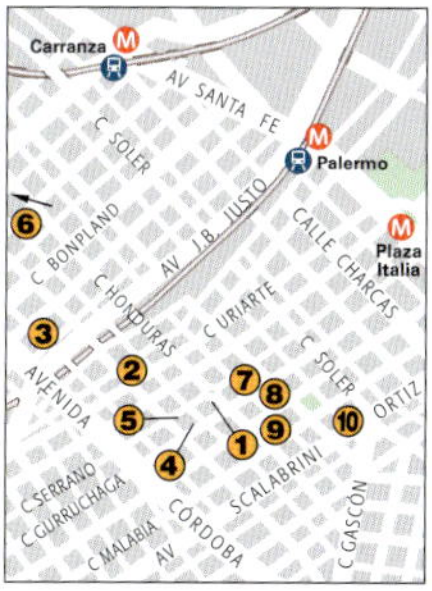

10 Pampa Picante
Das reizvolle Restaurant erteilt kleinen Gruppen Unterricht im Grillen *(asado)*. Erfolgreiche Teilnehmer genießen anschließend ihre selbst zubereiteten Rindfleischgerichte. *Karte K4 • Calle Nicaragua 4610 • 4833-7251*

Weitere Bars & Restaurants in Palermo **siehe S. 92f**

Links **Mundo Bizarro** Rechts **Acabar**

Top 10 Bars

1 Bar 6
Trotz kühler, minimalistischer Einrichtung ist die Atmosphäre hier entspannt. Genießen Sie sorgfältig zubereitete Snacks und Drinks. *Karte K4 • Calle Armenia 1676 • 4833-6807*

2 Acabar
Die Bar zählt zu den alteingesessenen Institutionen der Gegend. Großzügiger Ausschank und üppige Bargerichte machen sie zum Dauerbrenner. *Karte J3 • Calle Hoduras 5733 • 4772-0845*

3 Mundo Bizarro
Kitschige Kunstobjekte zieren die Bar im südkalifornischen Stil. Die tätowierten Barkeeper mixen Whiskey-Cocktails mit großer Raffinesse. *Karte J4 • Calle Serrano 1222 • 4773-1967*

4 Soul Café
In einer der ältesten *restobars* von Las Cañitas [illegible] Motown, Jazz und Hip-Hop. Das Sushi ist empfehlenswert. *Karte K1 • Calle Baez 246 • 4778-3115*

6 Crónico Bar
Die Front der Bar ist zur Straße hin offen. Die Atmosphäre ist ausgelassen. *Karte K3 • Calle Jorge L. Borges 1646 • 4833-0708*

7 Tiempo de Gitanos Bar y Fonda
Für Dinnershows in der in grellen Farben gestalteten Flamenco-Bar mit Restaurant sollte man vorab reservieren. *Karte J3 • Calle El Salvador 5575 • 4776-6143*

8 Kim y Novak
Die schummrige Lounge zieht ein bunt gemischtes Publikum an, das in opulentem Retro-Ambiente entspannt. *Karte K2 • Calle Güemes 4900 • 4773-7521*

9 Genoma
Viele Bars in Palermo orientieren sich an den lässig coolen Lounges Hollywoods – in dieser zählt nur der Spaß. Man genießt Texmex-Häppchen in Clubsesseln mit Leopardenmuster oder Cocktails an den Tischen im Freien. *Karte J2 • Avda. Dorrego 1735*

5 Green Bamboo
Die Cocktails nach polynesischer Art, die an einer golden lackierten Bar gemixt werden, enthalten frische Säfte, Gewürze und mehr. Es gibt leckere vietnamesische Speisen. *Karte J2 • Calle Costa Rica 5802 • 4775-7050*

10 878
Niemand kommt zufällig ins 878: Es liegt abseits vom Trubel Palermo Viejos im angrenzenden Villa Crespo. An den rustikalen Tischen werden rund 50 Gäste mit Cocktails versorgt. *Karte J4 • Calle Thames 878 • 4773-1098*

Clubs in Buenos Aires **siehe S. 46f**

Dekor in nahöstlichem Stil: das Restaurant Bereber

Preiskategorien

Preis für ein Drei-Gänge-Menü pro Person mit einer halben Flasche Wein, inkl. Steuern und Service.		
	$	unter 40 $
	$$	40–60 $
	$$$	60–100 $
	$$$$	100–140 $
	$$$$$	über 140 $

Top 10 Restaurants

1 Ølsen
Die leichte skandinavische Kost findet bei den *Porteños* großen Anklang. Die mit *gravlax* belegten Brote sind köstlich. *Karte J3 • Calle Gorriti 5870 • 4776-7677 • $$$*

2 La Cabrera
Um im Gastraum des klassischen Eckbistros oder an Tischen im Freien die exquisiten Fleischgerichte zu genießen, sollte man reservieren oder frühzeitig erscheinen. *Karte J4 • Calle Jose Antonio Cabrera 5099 • 4832-5754 • $$$$*

3 Casa Cruz
In dem edlen Restaurant genießen prominente Gäste *magret de canard* und exquisite Reserva-Weine. *Karte J3 • Calle Uriarte 1658 • 4833-1112 • $$$$$*

4 El Trapiche
In der klassischen *parrilla* mit weiß gedeckten Tischen begleitet Malbec die saftigen Steaks, die zu den besten in Palermo zählen. Die Eisdesserts reichen bequem für zwei Personen. *Karte K2 • Calle Paraguay 5099 • 4772-7343 • $$*

5 El Preferido de Palermo
Der seit 75 Jahren bestehende italienische Lebensmittelladen serviert u. a. *tortilla espanola* mit Kraut. *Karte K3 • Calle Jorge Luis Borges 2108 • 4774-6585 • $$$*

6 Kensho
Die vegetarische Küche mit orientalischem Flair verspricht Abwechslung von den gängigen Fleischgerichten. *Karte J2 • Calle El Salvador 5783 • 4778-0655 • $$$*

7 Jangada
Die Tische auf der malerischen Veranda sind einladend. Gegrillter Flussfisch und einfallsreiche Desserts sorgen für einen unvergesslichen Abend. *Karte J3 • Calle Bonpland 1670 • 4777-4193 • $$$*

8 Azema Exotic Bistró
Die vielseitige Speisekarte führt Lamm-Masala, vietnamesische Nudelgerichte, gebackenen Lachs und Appetithäppchen auf. *Karte J3 • Calle Angel Carranza 1875 • 4774-4191 • $$$*

9 Bereber
Auf marokkanischen Kissen, an Tischen oder auf der Dachterrasse genießt man zart gewürzte, mit Fleisch und Trockenfrüchten zubereitete Tajine. *Karte K3 • Calle Armenia 1880 • 4833-5662 • $$*

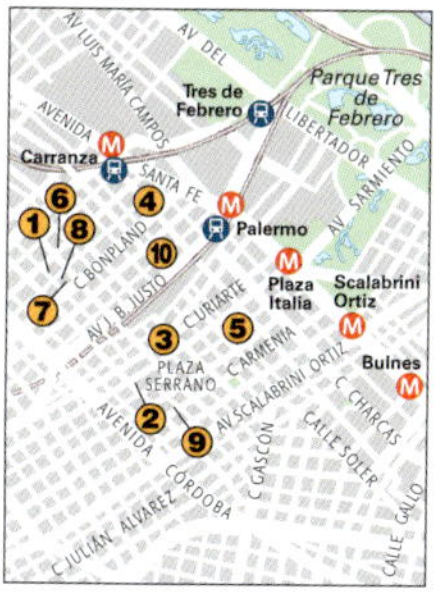

10 Bio
Die einfallsreiche vegetarische Bio-Küche legt den Schwerpunkt auf regionale Zutaten. Das Lokal besitzt Holzmöbel und große Fenster, die Atmosphäre ist leger. *Karte K2 • Calle Humboldt 2199 • 4774-3880 • $$*

Restaurant-Tipps **siehe S. 111**

Links **Punta del Este** Rechts **Tigre**

Abstecher

BUENOS AIRES IST DAS ZENTRUM *der Region um den Río de la Plata. Die umliegenden Städte folgen einem eigenen Rhythmus. Sie liegen in dschungelartigen Flussdeltas und in zerklüfteten Bergregionen. Über die verschlungenen Wasserwege von Tigre, 25 Kilometer nordwestlich von Buenos Aires, wurden Obst und Holz transportiert. Im südwestlichen Mataderos und im hübschen historischen Dorf San Antonio de Areco werden die romantische Atmosphäre der Pampa und das Erbe der Gauchos, die die Wildnis bezwangen, bewahrt. Urugay ist ein beliebtes Ferienziel der* Porteños *– von der mit Fähren und Flugzeugen erreichbaren und gut zu erkundenden Hauptstadt Montevideo über das koloniale Juwel Colonia del Sacramento bis zum vornehmen Strandresort Punta del Este. An diesen Zielorten ist für Spontanurlauber meist gut gesorgt.*

Colonia del Sacramento

TOP 10 Attraktionen

1. Montevideo
2. Colonia del Sacramento
3. Mar del Plata
4. Tandil
5. Tigre
6. San Antonio de Areco
7. Punta del Este
8. Pinamar
9. Mataderos
10. Isla Martín García

Für Besuche der Städte an Feier- und Ferientagen wird Planung vorab empfohlen.

Plaza Independencia, Montevideo

1 Montevideo

Fast die Hälfte der 3,5 Millionen Einwohner Uruguays lebt in der Hauptstadt Montevideo. Die Bewohner sind stolz auf ihre Stadt und für Gastfreundschaft bekannt. An der stets betriebsamen Plaza Independencia *(siehe S. 98)* genießt man mit Vorliebe die Grillspezialität *chivito*, eine Art dünnes Steak-Sandwich. Wie San Telmo in Buenos Aires ist Ciudad Vieja ein neu belebtes Restaurant- und Barviertel. Ganz anders als in Buenos Aires verleihen Stadtstrände und Uferpaseos Montevideo das Flair einer Küstenstadt. *Karte B4*

2 Colonia del Sacramento

Colonia del Sacramento ist von Puerto Madero aus mit den Buquebus-Schiffen in 50 Minuten zu erreichen. Die Stadt aus dem 18. Jahrhundert war portugiesischer Außenposten in Uruguay. Besucher können in einer der hübschen *posadas* übernachten, mit einem Motorroller die umliegenden Strände erkunden und in Straßencafés die koloniale Atmosphäre genießen *(siehe S. 24f)*.

3 Mar del Plata

Mar del Plata, eine Art Modell von Buenos Aires im Maßstab 1:20, liegt fünf Stunden von der Hauptstadt entfernt. Die Attraktionen des Seebads mit den bebauten Stränden bieten viel Spaß, aber wenig Entspannung. Am größten Strand Playa Bristol tummeln sich Popcorn-Verkäufer und mobile Masseure um die Familien unter Sonnenschirmen. Seafood, angeliefert von den typischen gelben Schiffen, dominiert die Speisekarten. *Karte B6*

4 Tandil

Hinter Buenos Aires erstrecken sich Hunderte Kilometer flacher Pampa. Die schroffen Hügel Tandils (500 m) sind deshalb für *Porteños*, denen es an Zeit und Geld für eine Reise nach Patagonien mangelt, ein beliebtes Ausflugsziel. Ein Sessellift führt zum Complejo Cerro El Centinela mit dem sieben Meter hohen Findling hinauf. In der Stadt belohnen Bars an der Plaza und Läden mit örtlichen Delikatessen wie Marmelade, Käse und Wurst zurückkehrende Wanderer. *Karte A5*

Website des Fremdenverkehrsamts von Uruguay
www.turismo.gub.uy

Tren de la Costa

Der Zug fährt zwischen Maipú und Delta (Tigre) den Río de la Plata entlang. Mit der Mitre-Linie ab Retiro erreicht man den Bahnhof Bartolomé Mitre in 30 Minuten. Ein Fußgängerweg führt zur Estación Maipú. Zwischen Maipú und Tigre liegen San Isidro, eine Parklandschaft am Fluss sowie viele reizvolle alte Bahnhöfe (www.trendelacosta.com.ar).

5 Tigre

Das an der Mündung von Luján und Tigre gelegene einstige Agrarzentrum, ein beliebtes Ausflugsziel der *Porteños*, ist Endstation des Tren de la Costa *(siehe S. 60)*, des modernsten Zugs in der Region. Den Paseo Victorica säumen luxuriöse Ruderclubs und Bootshäuser, er ist Startpunkt für Bootsausflüge entlang der Weiden und Koniferen des Flussdeltas. Der Hafen bietet einen Vergnügungspark, einen Kunsthandwerksmarkt und ein Casino. ✎ *Karte A4*

6 San Antonio de Areco

Die Gaucho-Stadt mit historischem Zentrum liegt 110 Kilometer südwestlich von Buenos Aires. Die Kopfsteinpflasterstraßen um die Plaza [illegible] no säumen Häuser aus dem 18. und 19. Jahrhundert und schmiedeeiserne Laternen. Ein wenig außerhalb der Stadt werden in *estancias* in Familienbesitz Rinder und Pferde gezüchtet. Der Día de la Tradición im November lockt viele Besucher an. ✎ *Karte A4*
• *www.sanantoniodeareco.com*

7 Punta del Este

Jeden Sommer überschlagen sich die Medien in Buenos Aires bei der Berichterstattung über Punta del Este. Dann ist »Uruguays Miami Beach« voll sonnenbadender, glücksspielender und feiernder Prominenter. Eindrucksvoller ist aber die Naturschönheit der weißen Sanddünen und steilen Klippen. In der Hauptsaison fliegt der Billiganbieter Sol mehrmals täglich vom Aeroparque Jorge Newbery in Buenos Aires hierher, wo Hotels aller Preisklassen warten. ✎ *Karte C4*

8 Pinamar

Der auf einem bewaldeten Hügel gelegene Ort ist nach dem weitläufigen, schattigen Pinienhain benannt, den die Gründer anlegten. Die auch bei *Porteños* beliebten Golfplätze locken viele Besucher in das einst elegante Strandresort. Nördlich und süd-

Bootsausflug auf dem malerischen Fluss bei Tigre

Alle Preise in diesem Buch werden in Argentinischen Pesos (Abkürzung: $) angegeben.

Ein Gaucho auf seinem Pferd

lich von Pinamar liegen Kiesstrände. Die Stadt selbst besitzt schöne Sandstrände. *Karte B5*

9 Mataderos

Für Besucher, die keine Zeit haben, eine *estancia* oder San Antonio de Areco zu besuchen, ist der nette Gaucho-Markt in Mataderos eine gute Alternative. Das Viertel im Südwesten von Buenos Aires war einst Zentrum der Fleischindustrie, doch wenige Fabriken sind verblieben. Nun bietet hier die Feria de Mataderos Liveshows mit Folkloremusik und Tanz, Reitervorführungen und Kunsthandwerk. *Karte A4* • *Feria de Mataderos: Avda. Lisandro de la Torre & Avda. de Los Corrales; Jan & Feb: Sa abends; März–Dez: So 11–20 Uhr; www.feriademataderos.com.ar*

10 Isla Martín García

Die dichte Vegetation verleiht der kleinen Insel den Charakter einer uneinnehmbaren Festung. Bis in die 1960er Jahre saßen auf der Isla Martín García politische Häftlinge ein. Heute verlocken das verlassene Gefängnis und die zauberhafte Landschaft *Porteños* und Urlauber zu Tagesausflügen. Um Weihnachten produziert die einzige Bäckerei auf Hochtouren Kuchen in Art von *Panettone*. *Karte A4*

Ein Tag in Montevideo

Vormittag

Wenn Sie Ihre Strandtasche gepackt haben, genießen Sie ein typisches Frühstück mit Kaffee und *tostadas* in einem der exzellenten Cafés am Ort. Ein Bus bringt Sie von der Hauptstraße an der Plaza zur zwei Kilometer entfernten Playa Ramírez. Der direkt an Montevideos grünem, landschaftlich schön gestaltetem Parque Rodo gelegene Strand ist gepflegt, zur Ciudad Vieja ist es nicht weit. Die Playa Ramirez bietet eine nette Mischung aus Grandeur (im Hintergrund steht der klassizistische Mercosur-Firmensitz) und Bars. Fahrten im Vergnügungspark und die *Chivito*-Stände in der Nähe erfreuen Kinder. Wer Abwechslung sucht, kann Fahrräder oder Ruderboote bei den vielen Verleihern im Parque Rodo jenseits der Rambla mieten.

Abend

In den Straßen der Ciudad Vieja, vor allem in der Calle Sarandí, gibt es viele Restaurants und Bars. Trinken Sie ein ortstypisches *tannat* in der **Baar Fun Fun** *(siehe S. 99)* und fragen Sie den Barkeeper nach seinem liebsten Speiselokal in der Umgebung.

El Callejón (Calle Bartolomé Mitre 1386, $$) wäre eine gute Wahl. Die kleine Restaurant-Kneipe bietet vorzügliche Antipasti und Fischgerichte zu Gitarrenmusik. Clubs erwachen ab Mitternacht zum Leben. KEY (Calle 25 de Mayo 745) in einem neugotischen Gebäude aus dem 19. Jahrhundert ist sehr beliebt. Hier gibt es eine elegante Lounge, eine Bar und Tanzflächen auf drei Ebenen.

Links **La Barra, Punta del Este, Uruguay** Rechts **Plaza Independencia, Montevideo**

TOP 10 Dies & Das

1 Barrio Histórico, Colonia

Den historischen Kern kann man an einem Nachmittag erkunden, doch die meisten Besucher bleiben gern länger in den sieben Museen, an der blühenden Plaza Mayor *(siehe S. 24)* und in den netten Straßencafés. *Karte B4*

2 Plaza Independencia, Montevideo

Der Palacio Salvo, ein Abbild des Palacio Barolo *(siehe S. 14)*, überragt die Plaza Independencia – Sinnbild für die lange Geschichte Montevideos. *Karte B4*

3 The Tigre Club, Tigre

Das vielleicht schönste Beaux-Arts-Gebäude des Landes, ein ehemaliges Casino, beherbergt heute eine hervorragende Sammlung argentinischer Kunst. *Karte A4 • Paseo Victorica 972, Tigre • 4512-4528 • Mi–Fr 9–19 Uhr, Sa & So 12–19 Uhr*

4 Casino Central, Mar del Plata

Auch wenn das Casino Central aus den 1930er Jahren nicht mehr das Flair des »Monaco der Pampa« besitzt, ist es doch reizvoller als andere Casinos in Strandresorts. *Karte B6 • Bulevar Marítimo Peralta 2148 • 0223-495-7011*

5 Feria de Mataderos

Auf dem Fest der Pampa-Kultur tanzt an Wochenenden Alt und Jung *folclorica*. Zuschauer laben sich an deftigen *Chorizo*-Sandwiches *(siehe S. 97)*.

6 Centro Histórico, San Antonio de Areco

Wunderbar erhaltene italienisierte Bauten aus dem 19. Jahrhundert, Silberschmiede und *pulperías* erinnern an die vergangene Blüte des einst bedeutenden Agrarzentrums. *Karte A4*

7 La Barra, Punta del Este

In der Gegend warten ruhige Unterkünfte auf Besucher, es gibt hier aber auch ein pulsierendes Nachtleben. *Karte C4*

8 Avenida Bunge & Avenida del Mar, Pinamar

Die dreispurige Hauptstraße von Pinamar säumen Läden mit einheimischen Marken, Golfausstatter und Straßenrestaurants. Sie endet an der malerischen Küstenstraße Avenida del Mar. *Karte B5*

9 Präsidentengefängnis, Isla Martín García

In dem Gefängnis wurden ehemalige Präsidenten, die sich mit der argentinischen Regierung überworfen hatten, inhaftiert. Gedenkplaketten erinnern an die prominenten Insassen. *Karte A4*

10 Complejo Cerro El Centinela, Tandil

Das mesozoische Wahrzeichen der Stadt Tandil ist am besten von der benachbarten Hügelspitze aus zu bewundern, auf die ein Sessellift hinaufführt. Die Aussicht kann man bei Kaffee und *alfajores* genießen *(siehe S. 95)*. *Karte A5*

Die Isla Martín García liegt in den Hoheitsgewässern Uruguays, gehört aber administrativ zur Provinz Buenos Aires.

El Drugstore, Colonia

Preiskategorien		
Preis für ein Drei-Gänge-Menü pro Person mit einer halben Flasche Wein, inkl. Steuern und Service.	$	unter 40 $
	$$	40–60 $
	$$$	60–100 $
	$$$$	100–140 $
	$$$$$	über 140 $

TOP 10 Bars & Restaurants

1 El Drugstore, Colonia

Das legere Lokal besitzt eine offene Küche und zeigt Pop-Art à la Warhol. Es gibt Tapas, Cocktails und *mate*. *Karte B4 • Calle Vasconcellos 179 • 598-52-25241 • $$*

2 El Mesón de la Plaza, Colonia

Das renommierteste Restaurant im Barrio Histórico von Colonia del Sacramento bietet Tische im Freien. Zu gegrilltem Rind und Lamm werden überwiegend Weine aus Uruguay serviert. *Karte B4 • Calle Vasconcellos 153 • 598-52-24807 • $$$*

3 Baar Fun Fun, Montevideo

Das historische Tango-Lokal zieren Bilder berühmter Musiker. Zu Pizza kann man hier gutes Bier genießen. *Karte Q5 • Calle Ciudadela 1229 • 598-291-58005 • $$*

4 La Terraza, Tigre

Sandwiches und die üblichen *Parrilla*-Gerichte laden zu einem Imbiss ein. *Karte B4 • Paseo Victorica 131 • 4731-2916 • $*

5 La Cuadrada, Mar del Plata

Das reizende Lokal bietet exzellenten Tee, Kuchen und hausgemachte Pasta. *Karte B6 • Avda. 9 de Julio 2737 • 0223-494-2288 • $*

6 Vicente, Mataderos

Das freundliche Restaurant serviert große Portionen aus der *Porteño*-Küche wie Brathähnchen in Spinat-Rahmsauce und Risotto mit Langusten. Auch die *parrilla*-typischen Speisen sind exzellent. *Karte A4 • Avda. Escalada 2100 • 4635-4657 • $$$*

7 Mi Vaca y Yo, Mataderos

Das Restaurant bietet das beste *parrilla libre* der Stadt. Die Kellner bringen das ausgewählte Fleisch auf kleinen Tellern nach und nach an den Tisch. Die Atmosphäre ist zuweilen sehr lebhaft. *Karte A4 • Calle Juan Felipe Aranguren 4201 • 4674-4878 • $*

8 Lo de Charlie, Punta del Este

Das kleine, in Pastell gehaltene Restaurant ist stilvoll elegant und dennoch gemütlich. In der offenen Küche wird hervorragendes Seafood zubereitet. Das Käse-Eis ist legendär. *Karte C4 • Calle 12 • 598-424-44183 • $$$$*

9 Tante, Pinamar

In dem hübschen lebhaften Lokal finden auch Gruppen einen Platz zum Essen. Neben Argentinischem wie Steaks und Antipasti gibt es deutsche Spezialitäten. Spätabends sind Cocktails und Fondue beliebt. *Karte B5 • Calle de las Artes 35 • 0225-448-2735 • $$$*

10 El Club, Tandil

Ölgemälde und dunkles Holz erinnern an einen Zigarrensalon, das Schachbrettmuster des Bodens und die kleinen Tische an ein Pariser Bistro. Die Speisekarte ist international. *Karte A5 • Calle Pinto 636 • 0229-343-5878 • $$$*

Restaurant-Tipps **siehe S. 111**

REISE-INFOS

Links **Besucherinformation** Mitte **Behindertengerechtes WC** Rechts **Zeitungen**

TOP 10 Information

1 Fremdenverkehrsbüros

Informationsstellen finden sich an den internationalen und den Inlandsflughäfen der Stadt *(siehe S. 104)* sowie an verschiedenen anderen Orten in Buenos Aires. Sie bieten Stadtpläne, allgemeine Informationen und Hilfestellung bei der Suche nach Unterkünften. Die offizielle Website des Fremdenverkehrsamts (www.bue.gov.ar) enthält eine Liste aller Informationsstellen.

2 Internationale Zeitungen & Zeitschriften

Einige deutsche Zeitungen wie die *Frankfurter Allgemeine Zeitung* sowie die Zeitschriften *Spiegel* und *Stern* sind in Microcentro erhältlich.

3 Argentinische Zeitungen & Zeitschriften

Die einzige deutschsprachige Zeitung Argentiniens, das *Argentinische Tagesblatt*, wird seit 1874 publiziert. Sie erscheint jeden Samstag. Die beiden großen spanischsprachigen Zeitungen *Clarín* und *La Nación* bieten freitags einen Veranstaltungsüberblick. *Wicked!?* ist ein zweisprachiges Kultur- und Event-Magazin.

4 Kostenlose Magazine

Das englischsprachige Magazin *The Argentimes* erscheint 14-täglich. Es liegt in Bars, Gasthäusern und Hotels aus. *Wipe* ist in der ganzen Stadt zu finden. Es bietet einen umfassenden Überblick über Musikveranstaltungen, Clubs, Bars und Restaurants. *La Guía Divina* wird in San Telmo verteilt.

5 Internet

Einen guten Überblick bieten www.bue.gov.ar und www.whatsupbuenosaires.com. Informationen zu Aktivitäten, Jobs und Unterkünften sind unter www.yesba.org zu finden.

6 Studenten

Die Reiseberatung ASATEJ hilft bei Flugbuchungen und der Suche nach Austauschprogrammen und Unterkünften.
ASATEJ: Karte Q5; Calle Florida 835, 3. Stock, Büro 320; 4114-7600; Mo–Fr 10–19 Uhr; www.asatej.com

7 Behinderte Reisende

Nur die U-Bahn-Linie D *(Línea D)* bietet teilweise rollstuhlgerechten Zugang. Straßenrampen sind in schlechtem Zustand. Gute Hotels sind auf behinderte Reisende eingestellt. Auch Stadtführungen für Menschen mit eingeschränkter Mobilität sind im Angebot *(siehe S. 105)*.

8 Schwul-lesbische Reisende

Buenos Aires ist neben Rio de Janeiro bei schwul-lesbischen Reisenden das beliebteste Urlaubsziel in Südamerika. Im November wird die schwul-lesbische Parade Marcha del Orgullo Gay *(siehe S. 43)* veranstaltet. Die zahlreichen homosexuellen Clubs und Lokale der Stadt füllen sich spätnachts *(siehe S. 48f)*. Die informative Website www.thegayguide.com.ar bietet Tipps für schwul-lesbische Reisende.

9 Feiertage

In Buenos Aires werden folgende Feiertage begangen: Neujahr (1. Januar), Nationaler Tag der Erinnerung an Recht und Gerechtigkeit (24. März), Gründonnerstag und Karfreitag (März/April), Falkland-/Malwinen-Tag (2. April), Tag der Arbeit (1. Mai), Jahrestag der Revolution (25. Mai), Nationaler Tag der Flagge (20. Juni), Unabhängigkeitstag (9. Juli), Todestag von General San Martín (17. August), Kolumbus-Tag (12. Oktober), Mariä Empfängnis (8. Dezember), Weihnachten (24. und 25. Dezember).

10 Lektüre

The Argentina Reader von Nouzeilles und Montaldo beschreibt die Geschichte Argentiniens. Ortiz' *Evita Perón* und Goñis *Odessa: Die wahre Geschichte* widmen sich der Ära Perón. *Tango. Mehr als nur ein Tanz* von Collier und anderen bietet leichte Lektüre und schöne Fotos. María Cecilia Barbettas Roman *Änderungsschneiderei Los Milagros* liefert ein sehr genaues Porträt der Stadt.

Vorhergehende Doppelseite **Gäste im Café Tortoni**

Links **Urlauber in der Reserva Ecológica Costanera Sur** Rechts **Wechselstube**

TOP 10 Reisevorbereitung

1 Beste Reisezeit

Die beste Zeit für eine Reise nach Buenos Aires ist, wenn auf der südlichen Hemisphäre Frühjahr oder Herbst ist. Die Temperaturen sind dann mit 18 bis 23 °C recht angenehm. Die Sommer können sehr schwül sein. Wenn in Januar und Februar das Thermometer auf gute 35 °C steigt, verlassen die meisten *Porteños* die Stadt in Richtung der Urlaubsorte am Atlantik.

2 Reisegepäck

Für den heißen Sommer empfiehlt sich leichte Kleidung aus Baumwolle oder Leinen. Auch Sonnenbrille, Sonnencreme mit hohem Lichtschutzfaktor und eine leichte Regenjacke gehören ins Gepäck. In Januar und Februar regnet es oft stark. Im Frühjahr und im Herbst benötigt man Pullover und Jacke, im Winter einen warmen Mantel. Denken Sie auch an elegante Garderobe – *Porteños* gehen gern schick aus.

3 Dauer des Aufenthalts

Eine Woche Aufenthalt erlaubt die Besichtigung der interessantesten Viertel und Sehenswürdigkeiten, den Besuch einer Tango-Show und einen Tagesausflug nach Colonia del Sacramento in Uruguay. In zehn bis 14 Tagen lässt sich die Faszination von Buenos Aires besser erleben: inklusive der Läden, Restaurants, Parks und weiterer Attraktionen außerhalb der Stadt wie Tigre und San Antonio de Areco.

4 Einreise

Besucher aus der EU benötigen für die Einreise einen noch mindestens drei Monate gültigen Reisepass. Für einen Aufenthalt von bis zu 90 Tagen ist kein Visum nötig. Eine Verlängerung um weitere 90 Tage erhält, wer z. B. für einen Tagesausflug nach Uruguay aus- und wieder einreist oder die Gebühr von 300 $ an die Dirección Nacional de Migraciones zahlt. *Dirección Nacional de Migraciones: Avda. Antártida Argentina 1355, Retiro; 4317-0234; Mo–Fr 8.30–13.30 Uhr; www.migraciones.gov.ar*

5 Währung

Der Argentinische Peso (AR$ bzw. $) ist in 100 Centavos unterteilt. Banknoten gibt es in den Werten 2, 5, 10, 20, 50 und 100 Pesos. Münzen haben die Werte 1 Peso sowie 1, 5, 10, 25 und 50 Centavos.

6 Gesundheit

Eine private Reiseversicherung, die auch Rücktransport in die Heimat umfasst, ist ratsam. Bei Notfallbehandlungen können hohe Kosten entstehen und Argentinien hat mit keinem Land ein Krankenversicherungsabkommen. Für die Einreise nach Argentinien sind keine Impfungen vorgeschrieben. Das Leitungswasser ist trinkbar, viele Besucher ziehen jedoch in Flaschen abgefülltes Wasser vor.

7 Zoll

Besucher dürfen bis zu fünf Kilogramm Lebensmittel, zwei Liter Alkohol, 400 Zigaretten und 50 Zigarren zollfrei einführen. Die Mitnahme von fotografischer Ausrüstung und Laptops ist gestattet.

8 Führerschein

Wer in Argentinien Auto fahren möchte, benötigt den Internationalen Führerschein. Zusätzlich zur Fahrerlaubnis sollten Autofahrer auch stets den Reisepass mitführen.

9 Zeit

Die mitteleuropäische Zeit (MEZ) ist der argentinischen Zeit um vier Stunden voraus. Während der europäischen Sommerzeit liegen fünf Stunden zwischen den beiden Zeitzonen. Während des Sommers in der südlichen Hemisphäre werden in Argentinien mitunter die Uhren kurzfristig um eine Stunde vorgestellt.

10 Strom

Die Netzspannung beträgt in ganz Argentinien 220 Volt/50 Hertz. In die Steckdosen passen sowohl zwei- als auch dreipolige Stecker mit flachen Kontaktstiften. Adapter für ausländische Stecker erhält man in *ferreterías* (Eisenwarenhandlungen) sowie in großen Supermärkten.

Die Jahreszeiten in Argentinien: Frühjahr = Aug–Okt, Sommer = Nov–Jan, Herbst = Feb & März, Winter = Mai–Juli.

Links **Schild einer Autovermietung** Rechts **Flugzeuge am Flughafen**

TOP 10 Anreise

1 Mit dem Flugzeug

Aerolíneas Argentinas fliegt in Europa nur Barcelona, Madrid, Rom und Zürich an, doch mehrere europäische Gesellschaften bieten im deutschsprachigen Raum Flüge nach Buenos Aires an, u.a. Lufthansa (direkt von Frankfurt), Air France, Alitalia, Iberia, KLM und Swiss. In der Regel muss man bei allen Buenos-Aires-Flügen der genannten Anbieter mit wenigstens einem Zwischenstopp rechnen.

2 Aeropuerto Ministro Pistarini

Der internationale Flughafen von Buenos Aires wird nach dem Viertel, in dem er sich befindet, auch kurz Ezeiza genannt. Nahezu alle internationalen Flüge kommen in den Terminals A oder B an. Ezeiza liegt eine Stunde vom Stadtzentrum entfernt.
☏ *Information: 5480-2500*
• *www.aa2000.com.ar*

3 Flughafentransfer von Ezeiza

Der Shuttleservice Manuel Tienda León hat Ticketschalter in den Terminals A und B. Er bietet rund um die Uhr Verbindungen zwischen Ezeiza und dem Stadtzentrum. Die modernen, klimatisierten Minibusse fahren alle halbe Stunde vom Flughafen bis zur Firmenzentrale im Zentrum. Von dort gelangen Fahrgäste mit einem weiteren Shuttle zu ihrem jeweiligen Hotel. Auch die städtische Buslinie 86 verbindet den Flughafen mit dem Stadtzentrum.
☏ *Manuel Tienda León: Avda. E. Madero 1299; 0810 888-5366; www.tiendaleon.com.ar*

4 Taxis & Remises von Ezeiza

Die Angebote der Fahrer von nicht lizenzierten Taxis und *remises* (Funktaxis), die an den Flughafenausgängen ihre Dienste anpreisen, schlägt man besser aus. Es empfiehlt sich, an den Schaltern der zugelassenen Taxiunternehmen im Flughafen einen Wagen zu bestellen.

5 Aeroparque Jorge Newbery

Der Aeroparque Jorge Newbery liegt im Viertel Palermo und ist 10 Minuten vom Stadtzentrum entfernt. Hier werden nahezu alle argentinischen Inlandsflüge sowie Flüge von und nach Uruguay abgefertigt.
☏ *Information: 5480-3000*
• *www.aa2000.com.ar*

6 Flughafentransfer von Palermo

Manuel Tienda Leóns Shuttlebusse *(siehe links)* fahren auch von Palermos Aeroparque Jorge Newbery halbstündlich ins Stadtzentrum. Zudem bedienen mehrere städtische Buslinien die Strecke.

7 Taxis & Remises von Palermo

Taxis stehen in der Regel am Ausgang des Ankunftsbereichs bereit. Man kann auch im Flughafen bei den zugelassenen Firmen oder telefonisch einen Wagen bestellen. ☏ *Radio Taxi Premium: 5238-0000*
☏ *Amistax: 4582-7774*

8 Mit dem Bus

Busse aus den verschiedenen Regionen Argentiniens und aus den Nachbarländern kommen in Buenos Aires am zentralem Busbahnhof Estación Terminal de Omnibus de Retiro an. Der Busbahnhof bietet Anschluss an städtische Buslinien.
☏ *Busbahnhof Retiro: Avda. Antártida Argentina, Ecke Calle 10; 4310-0700; www.tebasa.com.ar*

9 Mit dem Schiff

Buquebus-Fähren aus Montevideo, Colonia del Sacramento und Punta del Este in Uruguay laufen mehrmals täglich im nördlichen Dock Darseña Norte des Hafens in Puerto Madero ein *(siehe S. 25)*.

10 Mietwagen

Die bekannten Mietwagenfirmen Avis und Hertz betreiben Niederlassungen in den Flughäfen von Buenos Aires. Die Preise variieren – für einen mittelgroßen Wagen ist mit etwa 600 Pesos pro Tag zu rechnen. Fahrer eines Mietwagens müssen mindestens 21 Jahre alt sein und Internationalen Führerschein, Kreditkarte und Reisepass vorlegen. ☏ *Avis: 4378-9640; www.avis.com.ar*
☏ *Hertz: 4816-8001; www.milletrentacar.com.ar*

Die U-Bahnen in Buenos Aires fahren Mo–Sa 5–23 Uhr und So 8–22 Uhr, Buslinien verkehren täglich rund um die Uhr.

Links **Bus in Buenos Aires** Mitte **Fahrradfahrer im Parque Tres de Febrero** Rechts **U-Bahn-Schild**

TOP 10 In Buenos Aires unterwegs

1 Busse

Buenos Aires verfügt über ein sehr dichtes Netz von Buslinien. In dem an Kiosken erhältlichen *Guía T* sind Linien und Haltestellen der Busse *(colectivos)* verzeichnet. Einheimische helfen gern, die richtige Linie herauszufinden. Eine Fahrt innerhalb des Zentrums kostet maximal 1,25 Pesos, Fahrten im Großraum maximal 2 Pesos. Die Fahrkartenautomaten akzeptieren ausschließlich Münzen.

2 U-Bahn (Subte)

Die U-Bahn in Buenos Aires ist ein sicheres, zuverlässiges und bequemes Verkehrsmittel, um innerhalb der zentralen Stadtviertel herumzukommen. Es gibt sechs Linien: A, B, C, D, E und H. Auf der ältesten Linie A fahren noch hölzerne Züge; Linie D, die Microcentro mit Palermo verbindet, ist am stärksten frequentiert. Der Standardpreis pro Fahrt ist 1,10 Pesos. Tickets für bis zu zehn Fahrten (11 $) sind in den Stationen erhältlich.

3 Tram

Seit 2007 bedient die Tranvía del Este Puerto Madero. Sie verläuft zwischen den Avenidas Córdoba und Independencia parallel zur Avenida Alicia Moreau de Justo.

4 Züge

Züge Richtung Norden, inklusive der Verbindungen mit Halt in Tigre, fahren vom Bahnhof Retiro neben dem dortigen Busbahnhof ab. Züge zu Zielen südlich von Buenos Aires wie Tandil, Pinamar und Mar del Plata starten am Bahnhof Constitución. Die Züge der nördlichen Linie sind moderner.

5 Taxis & Remises

Taxis sind in Buenos Aires allgegenwärtig. Es gibt Standardtaxis und Funktaxis, beide nutzen schwarz-gelbe Wagen. Die an den Türen mit der Aufschrift »Radio Taxi« gekennzeichneten Taxis sind sicherer. Man kann sie an der Straße anhalten oder telefonisch anfordern. *Remises* (lizenzierte Funktaxis) operieren nur mit telefonischer Bestellung. Die Wagen stehen zehn bis 15 Minuten nach dem Anruf bereit.

6 Autos

Autofahren in Buenos Aires ist kein Vergnügen: Der Verkehr ist dicht, die Fahrweise der Einheimischen riskant und das System aus Einbahnstraßen höchst kompliziert. Zudem sind Parkplätze rar. Wer dennoch fährt, muss wissen, dass Gurtpflicht und die Vorfahrtsregel rechts vor links gelten. Die Geschwindigkeitsbegrenzung innerhalb der Stadt liegt bei 40 km/h bzw. 60 km/h auf großen Hauptstraßen.

7 Radfahren

Schlaglöcher, fehlende Fahrradwege und mangelnde Rücksicht der Autofahrer machen das Radfahren auf den Straßen der Stadt riskant. Schöne Radtouren kann man im hübschen Parque Tres de Febrero *(siehe S. 61)* und in Puerto Madero und Recoleta unternehmen. An den Parkeingängen kann man Fahrräder ausleihen.

8 Zu Fuß

Am besten erkundet man Buenos Aires zu Fuß. Die einzelnen Viertel liegen nah beieinander, die Orientierung ist leicht. In Palermo, San Telmo und Recoleta kann man wunderbar spazieren gehen. Microcentro sollte man unter der Woche meiden.

9 Behinderte Reisende

QRV Transportes Especiales bietet Stadtführungen in für Rollstühle geeigneten Fahrzeugen an.
✆ QRV Transportes Especiales: 4306-6635; www.qrvtransportes.com.ar

10 Führungen

Opción Sur veranstaltet audiovisuelle Führungen. Tangol bietet Besuche von Fußballspielen und Helikopterflüge, Bike Tours Fahrradausflüge an. City Tours in Buenos Aires hat Führungen in deutscher Sprache im Programm.
✆ Opción Sur: 4777-9029; www.opcionsur.com.ar
✆ Tangol: 4312-7276; www.tangol.com
✆ Bike Tours: 4311-5199; www.biketours.com.ar
✆ City Tours in Buenos Aires: 4799-6168; www.citytoursinbuenosaires.com

Ein Deutsch-Argentinier begleitet die privaten Stadtführungen von City Tours in Buenos Aires **www.citytoursinbuenosaires.com**

Links **Dichter Verkehr auf der Avenida Corrientes** Rechts **Menschenmenge in San Telmo**

TOP 10 Vorsicht!

1 Touristenfallen

Die teuren Lederwarengeschäfte an der Calle Florida sollte man ebenso meiden wie die für Urlauber gestalteten »Tango-for Export«-Shows, bei denen Besuchermassen durchgeschleust werden. Die überteuerten »Irish Pubs« in Microcentro sind weder authentisch irisch noch argentinisch. Einige der teuren Steakrestaurants in Puerto Madero sind wenig stimmungsvoll und bieten mindere Qualität.

2 Kriminalität

Buenos Aires ist generell eine sehr sichere Stadt, dennoch ist in manchen Gegenden Vorsicht geboten, vor allem in den südlichen Vierteln La Boca und Constitución. In San Telmo sind Taschendiebe und Trickbetrüger unterwegs. Verbreitet ist der »Senf-Trick«: Dem Opfer wird in einer belebten Straße Senf aufs Hemd gespritzt, ein »Passant« macht darauf aufmerksam und »hilft« bei der Beseitigung. Ein dritter Betrüger nutzt die Ablenkung und greift nach der Brieftasche.

3 Rushhour

Das Verkehrsaufkommen in Buenos Aires ist so hoch, dass sich die Rushhour eigentlich über den ganzen Tag erstreckt. Besonders viel Verkehr herrscht an Wochentagen vor 10 Uhr sowie zwischen 17 Uhr und 20 Uhr. Vor allem freitagabends sind die Straßen überfüllt, wenn viele *Porteños* aus der Stadt in ihre Landhäuser fahren.

4 Taxigeld

In Buenos Aires ist Kleingeld Mangelware. Bietet man einem Taxifahrer große Geldscheine, wird er 15 Minuten auf der Suche nach Wechselgeld weiterfahren und so den Fahrpreis erhöhen. Erkundigen Sie sich vorab bei dem Fahrer, ob er herausgeben kann, oder machen Sie die Zentrale darauf aufmerksam, wenn Sie ein Funktaxi bestellen.

5 Skrupellose Taxifahrer

Taxis, die auf der Rückseite des Fahrer- oder Beifahrersitzes keinen Registrierungsnachweis aushängen haben, sind unbedingt zu meiden. In Puerto Madero ist es nicht ratsam, ein Taxi an der Straße heranzuwinken, da die Fahrer dort sehr unzuverlässig sind.

6 Hundekot

Neben Arbeitslosigkeit und Kriminalität ist Hundekot stets eines der Hauptthemen bei den Bürgermeisterwahlen. Vor allem in Wohngebieten wie San Telmo und Palermo Viejo empfiehlt sich beim Gehen der Blick nach unten.

7 Parque Tres de Febrero bei Nacht

Der Parque Tres de Febrero ist bei Tag wunderschön, nachts jedoch übernehmen Transvestiten und Zuhälter das Regiment. Während einige Urlauber diese Szenerie gern beobachten, meiden andere den Park bei Nacht.

8 Nicht autorisierter Geldwechsel

Arbolitos (»kleine Bäume«) genannte, nicht zugelassene Geldwechselstellen säumen seit der argentinischen Wirtschaftskrise 2001 die Calle Florida. Bei diesen Anbietern läuft man Gefahr, bezüglich des Wechselkurses betrogen zu werden oder gefälschte Peso-Scheine ausgehändigt zu bekommen.

9 Indignation

Porteños legen wenig Wert auf Political Correctness. Junge und alte Menschen fluchen gern, das öffentliche Rauchverbot wird allerorts missachtet und Frauen sehen sich ständig Zurufen von Männern ausgesetzt. All dies ist jedoch harmlos und am besten mit einer Portion Humor zu nehmen.

10 Januar

Der Januar ist nicht die beste Zeit für einen Aufenthalt in Buenos Aires: Die Luftfeuchtigkeit ist sehr hoch, die Temperaturen steigen auf bis zu 40 °C. Da die meisten *Porteños* zu dieser Zeit in Ferienorten an der argentinischen Atlantikküste Urlaub machen, bietet die Stadt wenig Kulturveranstaltungen und auch das Nachtleben ist reduziert. Andererseits sind dann die Hotelpreise niedrig.

Sicherheit & Gesundheit **siehe S. 109**

Links **Teatro San Martín** Mitte **Antigua Tasca de Cuchilleros** Rechts **Centro Cultural Recoleta**

TOP 10 Buenos Aires für wenig Geld

1 Preiswert essen

Die All-you-can-eat-Angebote *tenedor libres* sind gut und günstig, die Kosten belaufen sich pro Person auf ca. 20 Pesos. Die meisten Angebote findet man in Microcentro, entsprechende Lokale haben ein Schild *tenedor libre* im Fenster hängen. Die charakteristischen, auf Familien ausgerichteten Steakhäuser *(bodegón)*, die man in jedem Viertel findet, servieren große, preiswerte Portionen.

2 Preiswerte Drinks

Die meisten Bars haben zwischen 18 Uhr und 22 Uhr Happy Hour. Gehen Sie anschließend zu günstigem einheimischen Bier über, das beliebteste ist Quilmes. Fernet, der gern mit Cola gemischt wird, ist ebenfalls preiswert.

3 Parks & Gärten

In einigen Parks und Gärten in Buenos Aires ist der Eintritt frei. Die Areale bieten wunderbare Möglichkeiten, spazieren zu gehen, sonnenzubaden oder Sport zu treiben. Zu den beliebtesten gehören das Naturreservat Reserva Ecológica Costanera Sur östlich von Puerto Madero, der Jardín Botánico Carlos Thays (Botanischer Garten) in Palermo und der Parque Tres de Febrero.

4 Museen & Sammlungen

Viele Museen und Sammlungen bieten an Werktagen freien Eintritt. Dazu zählen das Museo Nacional de Bellas Artes *(siehe S. 16f)* und das Museo de la Casa Rosada *(siehe S. 8)*. Bei einigen Museen ist der Eintritt einmal pro Woche frei. Für Studenten mit gültigem Ausweis und Personen über 65 Jahre gibt es Ermäßigungen.

5 Kostenlose Veranstaltungen

Während der »Gallery Nights«, die von März bis November jeden letzten Freitag des Monats stattfinden, sind von 19 Uhr bis 23 Uhr über 60 Ausstellungen gratis zu besichtigen. Bei der jährlichen Noche de los Museos im Oktober bieten über 100 Museen freien Eintritt. An Sommerwochenenden sind die klassischen Konzerte im Parque Rosedal in Palermo kostenlos, im Februar die Karnevalsveranstaltungen.

Gallery Nights: www.artealdia.com

Noche de los Museos: www.lanochedelosmuseos.com.ar

6 Kostenlose Führungen

Die Stadt Buenos Aires organisiert kostenlose Führungen durch historisch interessante Viertel sowie thematische Touren rund um bedeutende Einwohner wie Evita oder Borges. Informationen bietet die Website des Fremdenverkehrsamts *(siehe S. 102)*. Die Seite hält auch Audioführungen in Englisch und Spanisch zum Download bereit. Der private Anbieter Cicerones beschäftigt über 70 mehrsprachige Führer. Die Anmeldung erfolgt über ein Formular auf der Website.

www.cicerones.org.ar

7 Preiswert übernachten

Hostels sind die günstigste Übernachtungsmöglichkeit. Viele bieten preiswerte Doppelzimmer. Zudem kann man Küche, Kühlschrank, Wäscherei und Lounge-Bereich nutzen *(siehe S. 117)*.

8 Waschsalons

Günstige Waschsalons findet man überall in den Straßen abseits der großen Boulevards. Üblicherweise kostet ein Wasch- und Trockengang etwa 15 Pesos. Fragen Sie an der Hotelrezeption nach dem nächstgelegenen Waschsalon.

9 Kino & Theater

Kinokarten kosten von Montag bis Mittwoch sowie für Mittags- und Nachmittagsvorstellungen an Werktagen nur die Hälfte. Staatlich geführte Theater bieten einmal pro Woche reduzierte Eintrittspreise.

10 Picknick

Jeden Mittag essen zu gehen, kann teuer werden. Lagern Sie Brot, Käse und Wurstaufschnitt im Kühlschrank Ihrer Unterkunft und packen Sie Ihr eigenes Lunchpaket. Das Leitungswasser in Buenos Aires ist trinkbar.

Die meisten Parks in Buenos Aires sind im Sommer von 8 Uhr bis 19 Uhr geöffnet. Im Winter schließen sie eine Stunde früher.

Links **Banco Francés** Mitte **Geldautomat** Rechts **Locutorio und Internetcafé**

TOP 10 Geld & Kommunikation

1 Banken
Banken haben in der Regel montags bis freitags von 10 Uhr bis 15 Uhr geöffnet. Sie bieten meist günstigere Kurse und Gebühren als Wechselstuben, diese variieren jedoch nach Institut. Geldautomaten findet man in jeder Bank, sie sind rund um die Uhr in Betrieb.

2 Geldautomaten
Ein *cajero automático* ist die einfachste Möglichkeit, Geld abzuheben und hohe Gebühren für den Geldwechsel zu umgehen. Ob der Geldautomat mit ausländischen Karten genutzt werden kann, gibt ein »Link«-Zeichen an; die Gebühren bestimmt Ihre Heimatbank. Das Bezahlsystem VPay funktioniert in Argentinien nicht, doch nahezu alle Automaten akzeptieren Visa, MasterCard und American Express.

3 Kreditkarten
Am häufigsten werden in Buenos Aires Visa und MasterCard akzeptiert, meist kann man aber auch mit American Express und Diners Club bezahlen.

4 Geldwechsel
In Microcentro, der Calle Florida, der Calle Sarmiento und in San Martín gibt es viele Wechselstuben *(casas de cambio)*. Sie sind täglich von 9 Uhr bis 18 Uhr geöffnet.

5 Reiseschecks
Reiseschecks können in Banken und Wechselstuben eingelöst werden. Die Gebühren sind hoch, oft betragen sie bis zu drei Prozent. Bei der American-Express-Niederlassung kann man Reiseschecks des Unternehmens provisionsfrei einwechseln. In Läden, Restaurants und Hotels werden Reiseschecks selten akzeptiert. *American Express: Calle Arenales 707; 4310-3535*

6 Banküberweisung
Über Western Union können Sie Geld aus dem Ausland überweisen. Die Website informiert über Gebühren, Höchstbeträge und Niederlassungen. *www.westernunion.com*

7 Post
Die Filialen der argentinischen Post Correo Argentino sind werktags von 9 Uhr bis 18 Uhr geöffnet. Luftpost kann regulär oder als registrierte Sendung *(correo certificado)* verschickt werden. Postlagernde Sendungen *(poste restante)* sollten mit folgender Anschrift an das Hauptpostamt von Buenos Aires gesendet werden: Empfängername, Lista de Correos: Correo Central, Sarmiento 189, (1003) Capital Federal, Argentina. *www.correoargentino.com.ar*

8 Telefon
Öffentliche Telefone und Telefonzentren *(locutorios)* findet man in der ganzen Stadt. Telefónica und Telecom sind die größten Anbieter. Die meisten Zentren haben täglich von 10 Uhr bis 23 Uhr geöffnet. Sie bieten auch Faxdienste an. Die Vorwahl für Argentinien lautet 0054, die für Buenos Aires 011. Die Rufnummern in der Stadt sind achtstellig.

9 Handy
Die meisten Tri- und Quad-Band-Mobiltelefone funktionieren in Buenos Aires. Erkundigen Sie sich bei Ihrem Anbieter nach den Roaming-Gebühren. SIM-Cards von örtlichen Anbietern sind an Kiosken für ca. 10 Pesos erhältlich. Vor Ort ein Handy zu mieten, ist eine gute Alternative. *Phonerental: Calle Esmeralda 909, 3. Stock; 4311-2933; www.phonerental.com.ar*

10 Internetcafés
Internetcafés und Telefonzentren mit Internetzugang sind in Buenos Aires überall zu finden. Viele der modernen Bars, Cafés und Restaurants bieten WLAN.

Kreditkartenverlust

Allgemeiner Notruf
- *0049 116 116*
- *www.116116.eu*

American Express
- *4310-3002*

Diners Club
- *0810-444-2484-2482*

MasterCard
- *0800-555-0507*

Visa
- *0800-666-0171*

Maestro-/EC-Karte
- *0049 6974 0987*

Den Dienst Deutschland Direkt für R-Gespräche ins deutsche Festnetz erreichen Sie unter 0800 222 4900.

Links **Zahnarztpraxis** Mitte **Polizist** Rechts **Farmacia de La Estrella**

TOP 10 Sicherheit & Gesundheit

1 Notfälle

In Notfällen erhalten Sie unter folgenden kostenfreien Nummern rund um die Uhr Hilfe.

Policía (Polizei) 911

Bomberos (Feuerwehr) 100

Emergencia médica (Notarzt) 107

Defensa Civil (bei Gasunfällen, Stromausfall, Überschwemmungen) 103

2 Polizei

Opfer von Straftaten wenden sich an die *Comisaría del Turista* im Zentrum von Buenos Aires. In der speziell auf Urlauber ausgerichteten Polizeistation steht rund um die Uhr Englisch sprechendes Personal zur Verfügung. Im Notfall hilft aber auch die jeweils nächstgelegene Polizeistation *(comisaría)*.

Comisaría del Turista: Avda. Corrientes 436; 4346 5748; 24 Std.; turista@policiafederal.gov.ar

3 Vorbeugung gegen Diebstahl

Im Vergleich zu anderen lateinamerikanischen Städten und Metropolen der Welt ist Buenos Aires sehr sicher. Dennoch empfehlen sich die üblichen Vorkehrungen: Lassen Sie Gepäck nicht unbeaufsichtigt und hängen Sie Handtaschen in Restaurants und Bars nicht an die Stuhllehne. Zeigen Sie nie, wie viel Geld Sie bei sich haben, tragen Sie teure Fotoapparate verdeckt und meiden Sie unsichere Gegenden *(siehe S. 106)*.

4 Taxis

Am sichersten sind telefonisch bestellte Funktaxis und *remises (siehe S. 105)*. Bei an der Straße herangewunkenen Taxis sind die durch die Aufschrift »Radio Taxi« gekennzeichneten Wagen Standardtaxis vorzuziehen. Steigen Sie nicht sofort in ein Taxi, wenn Sie an einem Geldautomaten abgehoben haben, sondern gehen Sie zuvor ein paar Straßenzüge weiter.

5 Krankenhäuser

Für medizinische Hilfe sucht man am besten eine der Privatkliniken in Buenos Aires auf. Diese haben einen erstklassigen Standard. Die Hauptstelle des Hospital Británico im Süden der Stadt bietet einen 24-Stunden-Notdienst, die weiteren Häuser medizinische Beratung. *Hospital Británico: Karte D5; C. Perdriel 74; 4309-6400; www.hospitalbritanico.org.ar*

6 Zahnärzte

Die zahnärztliche Versorgung in Buenos Aires ist gut. Die meisten Privatkliniken beschäftigen auch Zahnärzte. Der Servicio de Urgencias von der zahnmedizinischen Fakultät der staatlichen Universität betreibt einen 24-Stunden-Notdienst. *Servicio de Urgencias: Calle Marcelo T. de Alvear 2146; 4964-1259*

7 Apotheken

Farmacity, die größte Apothekenkette Argentiniens, betreibt Filialen in der ganzen Stadt. In jedem Viertel hat eine Apotheke 24-Stunden-Notdienst. Das Schild *farmacia de turno* im Fenster zeigt die Adresse an.

8 Trinkwasser

Argentiniens Leitungswasser ist trinkbar, doch viele Besucher ziehen Wasser in Flaschen vor.

9 Alleinreisende Frauen

Für alleinreisende Frauen ist Buenos Aires eine angenehme Stadt. Aufmerksamkeiten von Männern lassen sich mit der Aussage »*estoy casada*« (»Ich bin verheiratet«) schnell abweisen. Frauen sollten nur mit telefonisch bestellten Funktaxis fahren.

10 Botschaften

Wer in Buenos Aires polizeiliche Hilfe benötigt, sollte immer auch gleich Kontakt zu seiner Botschaft aufnehmen.

Botschaften

Deutschland
Calle Villanueva 1055
• 4778-2500
• www.buenos-aires.diplo.de

Österreich
Calle French 3671
• 4809-5800
• www.bmeia.gv.at/botschaft/buenos-aires

Schweiz
Avda. Santa Fe 846
• 4311-6491
• www.eda.admin.ch/buenosaires

Weitere Tipps für einen sicheren Aufenthalt **siehe S. 106**

Links **Objekt in einem Antiquitätenladen** Mitte **Lederwaren** Rechts **Buchhandlung**

Top 10 Shopping-Tipps

1 Öffnungszeiten

Die meisten Shopping Malls haben von 10 Uhr bis 22 Uhr geöffnet. Die dortigen Food Courts und Kinos bleiben länger offen. Andere Läden öffnen montags bis freitags von 9 Uhr bis 20 Uhr. Die Öffnungszeiten an den Wochenenden variieren. Manche Läden schließen samstags um 13 Uhr, manche sind sonntags geschlossen.

2 Mehrwertsteuer

In Argentinien ist die Mehrwertsteuer (IVA) von 21 Prozent in den ausgewiesenen Preisen bereits enthalten. Eine Mehrwertsteuerrückerstattung wird nur von Läden angeboten, die das Global-Refund-Logo tragen. Der Wert des Einkaufs muss dafür über 70 Pesos betragen. Bitten Sie um einen Global-Refund-Nachweis. Am Flughafen erhält man bei der Ausreise an einem *puesto de pago* mit dem vom Zoll abgestempelten Formular das Geld zurück.

3 Bezahlung

Neben dem argentinischen Peso akzeptieren einige Läden auch US-Dollar. In großen Läden kann man immer auch mit gängigen Kreditkarten bezahlen *(siehe S. 108)*.

4 Shoppingviertel

Auch wenn es überfüllt und verkehrsreich ist, sollte Microcentro, vor allem die Fußgängerzone, den Ausgangspunkt jeder Shoppingtour bilden. Hier gibt es von allem etwas: Shopping Malls, Kaufhäuser und auch Kunsthandwerksläden. In Recoleta verkaufen edle Boutiquen einheimische und internationale Marken. Im trendigen Palermo Viejo gibt es viele schicke Modeläden.

5 Lederwaren

Argentinische Lederwaren sind hochwertig, im Vergleich zu europäischen Produkten preiswert und in vielen Läden erhältlich. Die Stücke, die man in der Calle Florida erhält, sind zuweilen überteuert. Die Lederwarenläden an der Kreuzung von Avenida Scalabrini Ortiz und Calle Murillo in Palermo haben die besten Angebote.

6 Souvenirs

Läden wie El Boyero, Kelly's und Mission *(siehe S. 38)* verkaufen typische Gaucho-Accessoires, heimische Wollwaren und *Mate*-Zubehör. Auf dem Kunsthandwerksmarkt an der Plaza Francia *(siehe S. 37)* in Recoleta erhält man preiswerte Objekte. Tango-Souvenirs kauft man am besten in den Läden der Avenida Corrientes.

7 Antiquitäten

Die Läden in San Telmo und der sonntägliche Antiquitätenmarkt auf der Plaza Dorrego *(siehe S. 18)* sind berühmt, doch auch der Mercado de las Pulgas in Palermo Viejo lohnt den Besuch. *Mercado de las Pulgas: Avda. Dorrego, Ecke Calle Conde*

8 Wein

Vinotecas in Shoppingvierteln und Malls haben Erzeugnisse aus den Weinbauregionen Argentiniens im Sortiment. Die Händler Ligier und Terroir bieten zudem Verpackungs- und Versandservice.

Ligier: Karte Q5; Avda. Sante Fe 800; 5353-8060; www.ligier.com.ar

Terroir: Karte L1; Calle Buschiazzo 3040; 4778-3443; www.terroir.com.ar

9 Musik

Die Kette Musimundo hat viele Filialen in Buenos Aires. Das Angebot umfasst argentinischen Rock und Folk. Tango, Jazz und klassische Musik bietet Zivals *(siehe S. 27)*. Disquería Bird und Abraxas führen Schallplatten.

Musimundo: Avda. Santa Fe 1844; www.musimundo.com

Disquería Bird: Calle Talcahuano 385; 4382-2539

Abraxas: Galería 5ta Avenida; Avda. Santa Fe 1270

10 Bücher

Ateneo Grand Splendid, Südamerikas größter Buchladen, und die Buchhandlung Libreria Losada *(siehe S. 69)* bieten englischsprachige Literatur. Das Antiquariat Henschel hat deutsche Bücher im Angebot – sowohl neu als auch gebraucht.

Ateneo Grand Splendid: Avda. Santa Fe 1860; 4811-6104; www.elateneo.com

Libreria Anticuaria Henschel: Calle Reconquista 533; 4314-4764

Shoppingcenter in Buenos Aires **siehe S. 39**

Links **Boutique Home Hotel in Palermo** Rechts **Restaurant Cabaña Las Lilas**

TOP 10 Hotel- & Restaurant-Tipps

1 Hotelwahl
Eine Unterkunft in Microcentro bietet Nähe zu den Shoppingmeilen der Stadt. Allerdings ist die Gegend tagsüber überfüllt und nachts etwas zwielichtig. Die gehobenen Viertel Recoleta und Puerto Madero liegen in Zentrumsnähe. Sie sind ruhig und angenehm und bieten mehrere Luxushotels.
In Recoleta gibt es auch Unterkünfte im mittleren Preissegment. In San Telmo und Palermo Viejo finden sich gute Boutiquehotels und B&Bs. Historisch Interessierte werden wohl San Telmo, Shoppingbegeisterte Palermo Viejo bevorzugen.

2 Haupt- & Nebensaison
Hochsaison, mit einigen Feiertagen und den Winterferien der Schulen, ist in Juli und August. Im Januar und im Februar bekommt man leicht eine günstige Unterkunft, da dann die Einwohner von Buenos Aires an den Küstenorten Ferien machen und nur wenige Geschäftsreisende die Stadt besuchen.

3 Preiskategorien
Die in diesem Buch angegebenen Preiskategorien sind Richtwerte für die Hauptsaison. Im Einzelfall erhält man bessere Konditionen, da die Preise nach Saison, Aufenthaltsdauer und Art der Buchung variieren. Die Mehrwertsteuer von 21 Prozent ist in den hier angegebenen Preisen enthalten. Auch die Preislisten der Hotels sollten diese beinhalten, doch fragen Sie bei der Buchung besser nach.

4 Langzeitaufenthalt
Es gibt mehrere Agenturen, die auf Kurz- und Langzeitvermittlung von möblierten Apartments spezialisiert sind. Buenos Aires Travel Rent und Buenos Aires Stay haben jeweils mehr als 100 Unterkünfte im Angebot.
Buenos Aires Travel Rent: 4371-2424; www.buenosairestravelrent.com
Buenos Aires Stay: 4807 9046; www.buenosairesstay.com

5 Mit Kindern reisen
In den meisten Hotels wird Kindern unter 12 Jahren kostenlos ein Zusatzbett im Zimmer der Eltern bereitgestellt.

6 Reservierung in Restaurants
In den Restaurants von Buenos Aires sollte man vor allem am Wochenende besser reservieren. In der Regel reicht ein Anruf ein bis zwei Tage vorab, bei gehobenen Restaurants empfiehlt sich eine Tischbestellung bis zu vier Tage im Voraus. Geben Sie bei Bedarf die Telefonnummer Ihres Hotels an.

7 Essenszeiten
In Buenos Aires isst man gegen 13 Uhr zu Mittag. Um etwa 17 Uhr gibt es dann einen kleinen Imbiss in einem Café. Das Abendessen nimmt man nicht vor 21 Uhr, am Wochenende oft erst gegen 23 Uhr ein. Entsprechend haben Restaurants meist von 12 Uhr bis 16 Uhr und von 20 Uhr bis 1 Uhr geöffnet. Eine Stunde vor Schließung werden keine Bestellungen mehr aufgenommen.

8 Speisekarte
Speisekarten sind zunehmend in Spanisch und Englisch verfasst. Das Personal ist gern behilflich. Viele Lokale bieten mittags ein *menú ejecutivo* – ein dreigängiges Menü und ein Getränk zum Festpreis. Bestellen Sie in *parrillas* Ihr Fleisch *jugoso* (blutig), *a punto* (halb durch) oder *bien cocido* (durchgebraten). Bei Weinen wählt man *vino tinto* (rot) oder *vino blanco* (weiß).

9 Etikette
Auch wenn für Restaurants generell kein Dresscode gilt, kleiden sich die meisten Besucher gehobener Restaurants gern fein. Einige Clubs verwehren Gästen, die Turnschuhe tragen, den Zutritt.

10 Trinkgeld
Trinkgeld *(propina)* wird in Buenos Aires wie in anderen Großstädten gehandhabt. Hotelportiers erhalten etwa 10 Pesos. Die Rechnung im Restaurant wird um zehn bis 15 Prozent aufgerundet. Bei der Abreise hinterlässt man im Hotel ein Trinkgeld für die Zimmermädchen.

Typisch argentinische parrillas **siehe S. 54f**

Links **Four Seasons Hotel** Mitte **725 Continental Hotel** Rechts **Restaurant im Faena Hotel**

TOP 10 Luxushotels

1 Alvear Palace Hotel

Das Alvear ist das luxuriöseste Hotel der Stadt. Die Suiten sind mit antiken Kunstwerken und ägyptischen Laken ausgestattet. Schwelgen Sie im marmornen Wellnessbereich und genießen Sie die Restaurants. *Karte P4 • Avda. Alvear 1891, Recoleta • 4808-2100 • www.alvearpalace.com • $$$$$*

2 Four Seasons Hotel

Die Zimmer in dem eleganten Hauptgebäude bieten King-Size-Betten und viel Marmor. Die Villa besitzt sechs Suiten. In dem klassizistischen Garten befindet sich ein römischer Pool. *Karte P4 • Calle Posadas 1086/88, Recoleta • 4321-1200 • www.fourseasons.com • $$$$$*

3 Park Hyatt Buenos Aires

Die modernen Suiten in dem renovierten Palast aus den 1930er Jahren kontrastieren mit der klassizistischen Pracht der Gemeinschaftsräume. Zu der luxuriösen Ausstattung zählen ein Wellnesscenter, ein Garten und eine Kunstgalerie im Souterrain. *Karte P4 • Avda. Alvear 1661, Recoleta • 5171-1234 • www.buenosaires.park.hyatt.com • $$$$$*

4 Caesar Park

Die Suiten in dem modernen Gebäude sind geräumig, mit Teppichen ausgelegt und mit Marmor und Hartholz eingerichtet. Es gibt einen Konferenzbereich, ein Spa, einen Pool, ein Restaurant und einen japanischen Garten. *Karte P4 • Calle Posadas 1232, Recoleta • 4819-1100 • www.caesar-park.com • $$$$$*

5 Faena Hotel & Universe

Das Hotel bietet einer zahlungskräftigen Klientel ein edles Ambiente. Die Einrichtung changiert zwischen romantisch und kühl modern. Gäste werden von einem »Experience Manager« betreut. Es gibt einen Pool, ein Spa, ein Fitnesscenter, ein Cabaret und einen Weinkeller. *Karte G2 • Calle Martha Salotti 445, Dique 2, Puerto Madero Este • 4010-9000 • www.faenahoteland universe.com • $$$$$*

6 Hotel Madero

Die Dachterrasse mit beweglicher Überdachung bietet einen Pool und wunderbaren Blick auf die Stadt. Die Zimmer sind schick, jede nur denkbare Annehmlichkeit ist vorhanden. *Karte G3 • Calle Rosario Vera Peñaloza 360, Dique 2, Puerto Madero Este • 5776-7777 • www.hotelmadero.com • $$$$$*

7 Sofitel Buenos Aires

Schon die Lobby des Art-déco-Gebäudes mit Fliesen im Schachbrettmuster, Kronleuchter und großem Oberlicht beeindruckt. Die Badezimmer mit Botticino-Marmor, das Aroma-Spa und der römische Pool sorgen für romantisches Flair. *Karte Q4 • Calle Arroyo 841, Retiro • 4131-0000 • www.sofitel.com • $$$$$*

8 Marriott Plaza Hotel

Neben eleganten Suiten und einem Spa im Dachgeschoss besitzt das schöne Belle-Époque-Hotel eine der weltweit besten Hotelbars. *Karte Q5 • Calle Florida 1005, Retiro • 4318-3000 • www.marriottplaza.com.ar • $$$$$*

9 Axel Hotel

Das erste Fünf-Sterne-Hotel für schwule Reisende in Lateinamerika steht auch heterosexuellen Gästen offen. Es bietet einen Dachterrassenpool, ein Fitnesscenter, einen Garten, Wellness- und Cocktailbars, ein Solarium und ein Restaurant. Bei den freitäglichen DJ-Nächten sind auch Nichthotelgäste willkommen. *Karte F2 • Calle Venezuela 649, San Telmo • 4136-9393 • www.axelhotels.com • $$$$$*

10 725 Continental Hotel

Hinter der klassizistischen französischen Fassade verbergen sich moderne Einrichtung und innovatives Design. Es gibt ein Spa, einen Dachterrassenpool sowie Business- und Wellnessbereiche. *Karte Q6 • Avda. Roque Saenz Peña 725, Microcentro • 4131-8000 • www.725continental.com • $$$$$*

Preise variieren nach Saison, Belegung, Extras und Werbeaktionen. Die angegebenen Preise gelten in der Hochsaison.

Preiskategorien

Preis für ein Doppelzimmer pro Nacht mit Frühstück (falls inklusive), Steuern und Service.	$	unter 200 $
	$$	200–450 $
	$$$	450–700 $
	$$$$	700–1000 $
	$$$$$	über 1000 $

Hotel 562 Nogaró

TOP 10 Gehobene & Businesshotels

1 Hilton Buenos Aires Hotel

Die schicken Standardzimmer bieten ergonomische Sitzgelegenheiten und Blick auf Puerto Madero und den Fluss. Zum Hotel gehören ein Swimmingpool im Freien, eine Weinbar, ein Restaurant mit internationaler Küche und Businesseinrichtungen. *Karte G1 • Blvd. Macacha Guemes 351, Dique 3, Puerto Madero Este • 4891-0000 • www.hilton.com • $$$$$*

2 Sheraton Buenos Aires Hotel & Convention Center

Die geräumigen Doppelzimmer des zentralen Hotels bieten Blick auf Fluss und Stadt. Es gibt ein internationales Restaurant, einen Shoppingbereich mit Schönheitssalon, Innen- und Außenpools, Tennisplätze, einen Fitness- und Wellnessbereich und exzellente Businessausstattung. *Karte Q4 • Calle San Martín 1225/1275, Retiro • 4318-9000 • www.sheraton-ba.com • $$$$*

3 Hotel Eurostars Claridge

Die Zimmer zieren Holzschreibtische sowie antike Spiegel und Bilderrahmen. Das Restaurant zeigt Tudor-Stil. Zum Haus gehören ein beheizter Außenpool, Fitnesscenter, Spa, Sauna und ein Businesscenter mit zweisprachigem Personal. *Karte Q5 • Calle Tucumán 535, Microcentro • 4314-2020 • www.claridge.com.ar • $$$$*

4 Pestana Buenos Aires

Das Hotel liegt nahe dem Obelisco de Buenos Aires und dem Finanzzentrum der Stadt. Es bietet einen großen Pool und Fitness- und Wellnessbereiche. Die großen Zimmer sind schallisoliert. *Karte Q5 • Calle Pellegrini 877, Retiro • 5239-1000 • www.pestana.com • $$$$$*

5 NH City & Tower

Das restaurierte Art-déco-Gebäude aus den 1930er Jahren liegt nahe der Plaza de Mayo. Es besitzt ein Businesscenter sowie Sauna und Fitnesscenter. Der Pool auf der Terrasse des 12. Stockwerks bietet Blick auf die Wolkenkratzer am Fluss. *Karte F2 • Calle Bolívar 160, Monserrat • 4121-6464 • www.nh-hoteles.com • $$$$*

6 Hotel Emperador

Das Hotel verbindet klassisches Design mit moderner Technologie. Die Zimmer sind äußerst geräumig. Zur Ausstattung gehören Fitnessbereich, Pool, Spa und ein Gourmetrestaurant. *Karte Q4 • Avda. del Libertador 420, Retiro • 4131-4000 • www.hotel-emperador.com.ar • $$$$*

7 Dazzler Tower San Martin

Das Hotel in exzellenter Lage bietet auf elf Stockwerken dezent und stilvoll eingerichtete, schallisolierte Zimmer. Vom neunten bis zum elften Stock sieht man den Sonnenaufgang über dem Río de la Plata. Das Haus bietet Spa, Pool und Fitnessbereich. Die Suiten haben Jacuzzis. *Karte Q5 • Calle San Martín 920, Retiro • 5256-7700 • www.dazzlertowersanmartin.com • $$$$*

8 InterContinental Buenos Aires

Gäste erwarten hier ein beheizter Pool, Fitnessbereich, Solarium und Spa, ein Businesscenter mit Lounge und ein internationales Restaurant. *Karte E2 • Calle Moreno 809, Monserrat • 4340-7100 • www.buenos-aires.intercontinental.com • $$$$$*

9 Design Suites

Die ruhige Zen-Lobby ist Kennzeichen dieses Designhotels mit minimalistischer Einrichtung. Die Suiten sind mit Musikanlage, Hydromassage-Bad, DVD-Spieler und Balkon ausgestattet. *Karte N5 • Calle Marcelo T. de Alvear 1683, Barrio Norte • 4814-8700 • www.designsuites.com • $$$$*

10 Hotel 562 Nogaró

Die mit Parkettboden, (schmalem) Doppelbett, Arbeitsplatz und WLAN-Anschluss ausgestatteten Zimmer sind vergleichsweise günstig. Es gibt auch Business- und Wellnessbereiche. *Karte F2 • Avda. Julio A. Roca 562, Monserrat • 4331-0091 • www.epoquehotels.com • $$$$*

Wenn nicht anders angegeben, akzeptieren die Hotels Kreditkarten und bieten Zimmer mit Bad und Klimaanlage.

Links **Costa Petit Hotel** Mitte **Krista Hotel Boutique** Rechts **Mansión Dandi Royal**

TOP 10 Boutiquehotels

1 Esplendor Phoenix Buenos Aires

Die Zimmer in dem imposanten Belle-Époque-Gebäude sind geräumig und modern. Es gibt ein elegantes Bar-Restaurant. Die Korridore zieren eindrucksvolle Mosaike mit bedeutenden Persönlichkeiten. Eines zeigt Che Guevara. *Karte Q5 • Calle San Martín 780, Microcentro • 5256-8800 • www.esplendorbuenosaires.com • $$$$*

2 Meliá Recoleta Plaza

Das Hotel bietet Fünf-Sterne-Luxus im Boutique-Format. Die Suiten präsentieren üppigen Louis-XV-Stil, es gibt ein Business- und ein Fitnesscenter, ein Spa mit Jacuzzi im Freien und ein luxuriöses Restaurant. *Karte P4 • Calle Posadas 1557, Recoleta • 5353-4000 • www.melia-boutique-recoleta-plaza.com • $$$$$*

3 Art Hotel

Das 100 Jahre alte Stadthaus bietet 36 klassisch eingerichtete Zimmer, einen gemütlichen Aufenthaltsraum, eine gut ausgestattete Bibliothek, Business-Lounge, Veranda, einen sonnigen Dachgarten und eine Kunstgalerie. *Karte N4 • Calle Azcuénaga 1268 • 4821-4744 • www.arthotel.com.ar • $$*

4 La Cayetana Historic House

Die elf Zimmer in dem Haus aus den 1820er Jahren sind hübsch gestaltet. Speise- und Aufenthaltsräume gehen auf zwei reizende Innenhöfe und einen Garten hinaus. *Karte E2 • Calle Mexico 1330, Monserrat • 4383-2230 • www.lacayetana-hotel.com.ar • $$$*

5 Moreno Hotel

Die Suiten in dem Art-déco-Gebäude von 1929 verbinden moderne Nüchternheit mit Art-déco-Details. Das Hotel birgt ein lateinamerikanisches Restaurant, ein kleines Jazz- und Tango-Theater, ein Fitnesscenter sowie eine Dachterrasse mit Blick auf die Kuppeln und Türme der Stadt. *Karte F2 • Calle Moreno 376, Monserrat • 6091-2000 • www.morenobuenosaires.com • $$$$$*

6 Mansión Dandi Royal

Tango ist hier das Motto. Das Jugendstilinterieur der hundertjährigen Villa ist schön restauriert. Tango-Wandgemälde und -Kunstobjekte schmücken die 30 Zimmer. Zudem gibt es einen Dachterrassenpool, ein Fitnesscenter, Solarien und ein kleines Spa. In den drei Salons finden Tango-Shows und -Kurse statt. *Karte E3 • Calle Piedras 922/936, San Telmo • 4307-7623 • www.mansiondandiroyal.com • $$*

7 Home Hotel Buenos Aires

Das Hotel verbindet Luxus und Ungezwungenheit. Die minimalistische Einrichtung hat auch flippige Elemente. Die Bäder der Suiten sind individuell gestaltet. Spa, Garten und Pool bieten Entspannung. *Karte J2 • Calle Honduras 5860, Palermo Viejo • 4778-1008 • www.homebuenosaires.com • $$$*

8 Krista Hotel Boutique

Das romantische Hotel ist ideal für Paare. Das Haus aus den 1920er Jahren birgt große Suiten, drei Veranden, eine kunstvoll gestaltete Lounge und einen Massagesalon. *Karte J3 • Calle Bonpland 1665, Palermo Viejo • 4771-4697 • www.kristahotel.com.ar • $$$*

9 Costa Petit Hotel

Eine der vier Suiten des edlen Hotels besitzt eine Terrasse. Das mit viel Holz gestaltete Ambiente ist warm und modern. Der lauschige Garten mit Pool und Terrasse ist abends von Kerzen erleuchtet. *Karte J3 • Calle Costa Rica 5141, Palermo Viejo • 4776-8296 • www.costapetithotel.com • $$$$$*

10 Casa Las Cañitas

Die helle Einrichtung des Hotels in einer ruhigen Straße in Las Cañitas ist dezent elegant und zeitgemäß. Das Haus bietet neun Zimmer, ein Restaurant, eine Lounge, eine Dachterrasse und einen Zen-Garten mit Terrasse. *Karte K1 • Calle Huergo 283, Las Cañitas • 4771-3878 • www.casalascanitas.com • $$*

Hotel-Tipps **siehe S.111**

Carsson Hotel

Preiskategorien

Preis für ein Doppelzimmer pro Nacht mit Frühstück (falls inklusive), Steuern und Service.		
	$	unter 200 $
	$$	200–450 $
	$$$	450–700 $
	$$$$	700–1000 $
	$$$$$	über 1000 $

TOP 10 Mittelklassehotels

1 Hotel Colón
Die modernen Doppelzimmer sind in angenehm neutralen Farben gehalten und schallisoliert. Einige bieten Blick auf die Avenida 9 de Julio. Es gibt einen Pool, einen Fitnessbereich und ein Restaurant mit internationaler Küche. *Karte P6 • Calle Pellegrini 507, Microcentro • 4320-3500 • www.hotelcolon.com.ar • $$$$*

2 Hotel Plaza Francia
Das Hotel liegt in einer ruhigen Straße. Die Zimmer gehen auf die Plaza Francia hinaus. Sie sind gemütlich und nett eingerichtet. Zur Ausstattung gehören ein Businesscenter und ein frei zugänglicher Fitnessbereich. *Karte P3 • Calle Eduardo Schiaffino 2189, Recoleta • 4804-9631 • www.hotelplazafrancia.com • $$$*

3 Guido Palace Hotel
Das Belle-Époque-Gebäude besitzt gusseiserne Balkone und Fensterläden aus Holz. Die 24 komfortablen Zimmer sind im Stil jener Zeit eingerichtet. Jedes Stockwerk birgt seine eigene Lounge. *Karte P4 • Calle Guido 1780, Recoleta • 4812-0341 • www.guidopalace.com.ar • $$*

4 Waldorf Hotel
Die in edlem Holz gehaltene, luftige Lobby akzentuiert den angenehmen Stil des Hauses. Alle Zimmer bieten tadellose Bäder und Kabelfernsehen, die etwas teureren in den oberen Etagen auch Flachbildfernseher und Holzböden. *Karte Q5 • Calle Paraguay 450, Microcentro • 4312-2071 • www.waldorf-hotel.com.ar • $$*

5 Hotel Bel Air
Die Fassade des eleganten Hauses aus den 1920er Jahren in Recoleta ist weiß getüncht. Die Einrichtung wirkt etwas antiquiert, doch die 77 Zimmer sind gut ausgestattet. Das Hotel bietet ein Restaurant und eine Weinbar, Fitnessbereich, Businesscenter und Babysitterservice. *Karte P5 • Calle Arenales 1462, Recoleta • 4021-4000 • www.hahoteles.com • $$$*

6 Dazzler Suites Arroyo
Die Einrichtung des zentrumsnahen Hotels ist etwas renovierungsbedürftig, die Suiten sind jedoch gut ausgestattet. Die Standardzimmer bieten Kochnische und Lounge-Bereich. Am kleinen Pool liegen Terrasse und Frühstücksbar. Es gibt ein Restaurant, ein Fitnesscenter und eine Sauna. *Karte Q4 • Calle Suipacha 1359, Retiro • 5276-7700 • www.dazzlersuitesarroyo.com • $$$*

7 Gran Hotel Orly
Auf zehn Stockwerken bietet dieses Hotel Einzel-, Doppel- und Dreibettzimmer, darunter fünf miteinander verbundene Zimmer. Die behaglichen Doppelzimmer verfügen über Arbeitsplätze, Wandspiegel und Kabel-TV. Innenliegende Zimmer sind ruhiger. Das Personal ist sehr hilfsbereit. *Karte Q5 • Calle Paraguay 474, Microcentro • 4312-5344 • www.orly.com.ar • $$*

8 Carsson Hotel
Die Lobby mit Marmorboden, Kronleuchtern und antiken Ölgemälden hat altmodischen Charme. Die Zimmer sind gut ausgestattet und geschmackvoll. *Karte Q5 • Calle Viamonte 650, Microcentro • 4131-3800 • www.hotelcarsson.com.ar • $$*

9 Hotel Dos Congresos
Die Hälfte der großen hellen Zimmer blickt auf den Congreso Nacional. Suiten mit Couch und Jacuzzi kosten geringen Aufpreis, doch das Preis-Leistungs-Verhältnis des Hauses ist toll. *Karte D1 • Calle Rivadavia 1777, Congreso • 4372-0466 • www.hoteldoscongresos.com • $$*

10 Castelar Hotel & Spa
Das 1929 eröffnete, einst bei Schriftstellern und Aristokraten beliebte Hotel mit eleganten Zimmern versetzt Gäste ins Goldene Zeitalter von Buenos Aires zurück. Das mit Marmor verkleidete Spa birgt türkische Bäder mit Statuen. *Karte E2 • Avda. de Mayo 1152, Congreso • 4383-5000 • www.castelarhotel.com.ar • $$$*

Wenn nicht anders angegeben, akzeptieren die Hotels Kreditkarten und bieten Zimmer mit Bad und Klimaanlage.

Links **Che Lulu Trendy Hotel** Rechts **The Cocker**

TOP 10 B & Bs & Pensionen

1 1555 Malabia House Hotel

Das B & B in einem schön restaurierten Kloster mit Fresken ist zeitgenössisch eingerichtet. Die entspannte Atmosphäre unterstützen Patios im Inneren und im Freien, ein Fitnessbereich, eine Bibliothek und eine Business-Lounge. *Karte K4 • Calle Malabia 1555, Palermo Viejo • 4833-2410 • www.malabiahouse.com.ar • $$$*

2 Che Lulu Trendy Hotel

Die schicke Pension bietet acht Einzelzimmer und zwei Doppelzimmer mit Bad. Die Einrichtung ist mexikanisch, minimalistisch oder kitschig orientalisch. Die Lounge birgt Möbel im Retrostil. Es gibt eine Veranda und eine Terrasse. *Karte K3 • Pasaje Emilio Zolá 5185, Palermo Viejo • 4772-0289 • www.chelulu.com • $$*

3 Cypress In

Zwei der 13 Zimmer des modernen B & B haben Balkone zur Straße. Die Doppelzimmer sind klein, aber farbenfroh gestaltet. Die Lounge bietet Ledersofas und DVD-Player, die Dachterrasse Sonne. *Karte K3 • Calle Costa Rica 4828, Palermo Viejo • 4833-5834 • www.cypressin.com • $$*

4 La Otra Orilla

Die Aristokratenresidenz aus den 1930er Jahren ist ein historisches Juwel. Das Frühstück wird im mit Kristallkronleuchter, schweren Gardinen und Piano ausgestatteten einstigen Speisesalon der Familie serviert. Die Veranda ist abends von Kerzen erleuchtet. Die freundlichen Zimmer sind modern gestaltet. *Karte K4 • Calle Julián Alvarez 1779, Palermo • 4863-7426 • www.otraorilla.com.ar • $$*

5 Posada Palermo

Die Architektin Viviana gestaltete ihr Haus in Palermo, eine traditionelle *casa chorizo*, in ein B & B um. Es gibt vier stilvolle, mit Antiquitäten bestückte Zimmer, einen netten Gemeinschaftsraum, einen Patio und tolles Frühstück. *Karte L4 • Calle Salguero 1655, Palermo Viejo • 4826-8792 • www.posadapalermo.com.ar • $$*

6 Lugar Gay de Buenos Aires

Das älteste B & B für homosexuelle Reisende in Buenos Aires bietet in einem restaurierten Haus von 1900 acht behagliche moderne Zimmer, Terrassen, Sauna und Videos für Erwachsene. Das Personal organisiert Tango-Kurse im Haus und Stadtführungen. *Karte F3 • Calle Defensa 1120, San Telmo • 4300-4747 • www.lugargay.com.ar • $$*

7 Casa Bolívar

Das auf homosexuelle Besucher ausgerichtete B & B und Loft-Hotel ist in einer Villa von 1901 ansässig. Es verfügt über 14 Suiten, die im Art-déco-, Barock-, Belle-Époque-, Zen- und anderen Stilen gestaltet sind. Zudem gibt es eine große Lounge und zwei Veranden. *Karte F4 • Calle Finochietto 524, San Telmo • 4300-3619 • www.casabolivar.com • $$*

8 The Four B & B

Die sieben schönen schlichten Zimmer in dem eleganten Stadthaus in San Telmo reichen von gemütlich bis groß. Die Suite bietet offenen Kamin und Balkon. Es gibt auch eine Lounge und eine Dachterrasse. *Karte F3 • Calle Carlos Calvo 535, San Telmo • 4362-1729 • www.thefourhotel.com • $$*

9 The Cocker

Das von Briten geführte Hotel in einem Bürgerhaus von 1897 – mit hohen Decken, Wendeltreppen, einem Piano aus dem 19. Jahrhundert und antikem Mobiliar – bietet fünf elegante Suiten, eine große Terrasse und einen Dachgarten. *Karte F4 • Avda. Juan de Garay 458, San Telmo • 4362-8451 • www.thecocker.com • $$*

10 Posada de la Luna

Das perfekt erhaltene Haus aus den 1860er Jahren hat koloniales Flair. Es bietet fünf Zimmer, einen Lounge-Massagesalon, Jacuzzi und andalusische Patios. Die Einrichtung zeigt lässigen Chic. *Karte F2 • Calle Perú 565, San Telmo • 4343-0911 • www.posadaluna.com • $$*

Hotel-Tipps **siehe S. 111**

Preiskategorien

Preis für ein Doppelzimmer pro Nacht mit Frühstück (falls inklusive), Steuern und Service.	$	unter 200 $
	$$	200–450 $
	$$$	450–700 $
	$$$$	700–1000 $
	$$$$$	über 1000 $

Schild des Hostel Ostinatto Buenos Aires

TOP 10 Preiswerte Hotels & Hostels

1 Goya Hotel

Das Goya zählt zu den besten preisgünstigen Hotels der Stadt. Im obersten Stockwerk liegen eine Terrasse mit schönem Blick über Buenos Aires, eine Frühstücksbar und drei Suiten. Die gemütlichen Zimmer in den anderen Etagen sind mit Hydromassage-Bädern, Kabelfernsehen und WLAN oder Breitband-Anschluss ausgestattet. *Karte Q5 • Calle Suipacha 748, Microcentro • 4322-9269 • www.goyahotel.com.ar • $*

2 Hostel Carlos Gardel

Das lebendige, freundliche Hostel in einem historischen Haus in San Telmo bietet zwei klimatisierte Schlafsäle und sieben Zimmer. Außerdem stehen voll ausgestattete Apartments zur Verfügung. *Karte F3 • Calle Carlos Calvo 579, San Telmo • 4307-2606 • www.hostelcarlosgardel.com • $*

3 Hotel del Prado

Eine Eingangstreppe aus Marmor führt in das Gebäude aus den 1930er Jahren. Die einladenden, gepflegten Zimmer sind mit Kabel-TV, Deckenventilatoren und WLAN ausgestattet. Die rückwärtigen Räume sind ruhiger. Das Hotel befindet sich nahe der U-Bahn und den zentralen Buslinien. *Karte M5 • Calle Paraguay 2385, Barrio Norte • 4961-1192 • www.hoteldelprado-ba.com.ar • $*

4 Gran Hotel Hispano

Das zweistöckige Belle-Époque-Juwel besitzt eine spanische Veranda, eine Gartenterrasse und geschmackvoll gestaltete Zimmer. *Karte E2 • Avda. de Mayo 861, Monserrat • 4345-2020 • www.hhispano.com.ar • $$*

5 Hostel Inn Tango City

Die lebhafte Herberge in einem alten Stadthaus in San Telmo bietet getrennte und gemischte Schlafsäle, Doppel- und Vierbettzimmer, eine Leihbibliothek, einen Waschsalon und ein Reisebüro. Die Bar im Erdgeschoss lockt mit Billardtisch, Internetzugang und langer Happy Hour. *Karte E3 • Calle Piedras 680, San Telmo • 4300-5764 • www.hostel-inn.com • $*

6 Ostinatto Buenos Aires Hostel

Das Hostel besitzt einen restaurierten Weinkeller mit eigenem Label und bietet kostenlose Tango- und Yoga-Kurse. Das verschachtelte Gebäude birgt Schlafsäle, Doppelzimmer mit eigenem Bad, ein Loft-Apartment und eine Terrasse. Es gibt Schließfächer und einen Waschsalon. *Karte F3 • Calle Chile 680, San Telmo • 4362-9639 • www.ostinatto.com.ar • $*

7 Casa Jardín Creativa

Die ruhige Herberge liegt in einem eleganten Haus aus den 1930er Jahren in Palermo. Sie besitzt zwei getrennte Schlafräume mit vier bis fünf Betten wie auch Dreibett-, Zweibett und Einzelzimmer. Es gibt hier eine Dachterrasse mit Koch- und Essbereich. *Karte K3 • Calle Charcas 4422, Palermo Viejo • 4774-8783 • www.casajardinba.com.ar • $*

8 Palermo Soho Hostel

Das Haus in Palermos trendigem Shoppingviertel bietet mehr Doppelzimmer als Schlafsäle – Pärchen wissen das zu schätzen. Terrasse, Lounge und Balkon sorgen für Entspannung. *Karte J2 • Calle Nicaragua 4728 • 4833-0151 • www.palermosohohostel.com.ar • $*

9 Milhouse

In der Party-Herberge der Stadt feiert man bei Trinkspielen und Pool-Wettbewerben. Es gibt einen Patio und eine Dachterrasse. *Karte E2 • Calle Hipólito Yrigoyen 959, Monserrat • 4345-9604 • www.milhousehostel.com • $*

10 V&S Hostel

Das Haus von 1910 ist eine Oase im Trubel des Zentrums. Es besitzt eine geschwungene Treppe und einen antiken Aufzug sowie Schlafsäle, Doppelzimmer, Vierbettzimmer, eine Veranda und eine Lounge und bietet Spanisch- und Tango-Kurse. *Karte Q5 • Calle Viamonte 887, Microcentro • 4322-0994 • www.hostelclub.com • $*

Preiswerte Hotels und Hostels haben meist keine Klimaanlagen, sind nicht behindertengerecht und akzeptieren keine Kreditkarten.

Textregister

Fett gedruckte Seitenzahlen beziehen sich auf Haupteinträge.

Danksagung & Bildnachweis

Autoren

Nach seinem ersten Argentinien-Besuch 1999 blieb Declan McGarvey in dem Land, das ihn begeisterte. Auch neun Präsidentschaftswahlen später arbeitet er als Reiseschriftsteller und Herausgeber in Buenos Aires. Declan McGarvey schrieb Beiträge für den DORLING-KINDERSLEY-Reiseführer *Argentinien*. Er gab mehrere Time-Out-Reiseführer über Patagonien und Buenos Aires heraus und ist einer der Autoren der DORLING-KINDERSLEY-Bildbände *Where to Go When (Reisen)*.

Jonathan Schultz ist Co-Autor des DORLING-KINDERSLEY-Reiseführers *Top 10 Boston*. Buenos Aires lernte er bei einem Studienaufenthalt kennen und lieben. Nach achtjähriger Abwesenheit kehrte er 2007 in die Stadt zurück. *Dulce de leche* und *asados* bilden einen festen Bestandteil seiner Leidenschaft für die Küche der *Porteños*.

Publisher
Douglas Amrine

List Manager
Christine Stroyan

Managing Art Editor
Mabel Chan

Senior Editor
Sadie Smith

Senior Designer
Paul Jackson

Senior Cartographic Editor
Casper Morris

DTP Operator
Natasha Lu

Production Controller
Louise Minihane

Photographer
Demetrio Carrasco

Fact Checker
Ariel Waisman

Senior Cartographer
Suresh Kumar

Cartographer
Schchida Nand Pradhan

Editorial and Design Assistance
Claire Baranowski, Lydia Halliday, Nicola Malone, Margaret McHugh, Marisa Renzullo

Autor Declan McGarvey dankt Colin Barraclough, Lucas von Eternautas und vor allem Virginia Maccallini für ihre unverzichtbare Hilfe bei der Erstellung dieses Buches. Sein Dank geht außerdem an Sadie Smith bei DORLING KINDERSLEY London und das Team von Quadrum Solutions, Mumbai, Indien, für ihre Ausdauer und unermüdliche Unterstützung.

Bildnachweis

o=oben, ol=oben links, olm= oben links Mitte, om=oben Mitte, or=oben rechts, mlo=Mitte links oben, mo=Mitte oben, mro=Mitte rechts oben, ml=Mitte links, m=Mitte, mr=Mitte rechts, mlu=Mitte links unten, mu=Mitte unten, mru=Mitte rechts unten, ul=unten links, u=unten, um=unten Mitte, uml=unten Mitte links, ur=unten rechts, d=Detail.

Wir haben uns intensiv bemüht, alle Urheber zu ermitteln, und entschuldigen uns für eventuelle, unbeabsichtigte Auslassungen. Gern werden wir die entsprechenden Angaben in künftige Ausgaben aufnehmen.

Kunstwerke wurden mit der freundlichen Genehemigung der folgenden Copyright-Inhaber abgebildet:

© *Manifestación* (1934), Antonio Berni: Jose Berni 23mu; © *Siste últimas canciones* (1986), Guillermo Kuitca: Westwater Art Gallery, New York 23mr; © *Der Schlächter and Don Juan Sandoval* Cesáreo Bernaldo de Quirós, in Zusammenarbeit mit dem Enkel des Künstlers Mario C. Bernaldo de Quirós, 17mr; © *Pareja (1923)* Xul Solar, Rechteinhaber Pan Klub – Xul Solar Museum 22um; © *Drago* Xul Solar, Rechteinhaber Pan Klub – Xul Solar Museum 89ol.

DORLING KINDERSLEY dankt den folgenden Personen, Institutionen und Bibliotheken für die freundliche Genehmigung zur Reproduktion ihrer Fotografien:

ACABAR: 92or.

ALAMY: APEIRON-PHOTO 29mr; Nick Baylis 42ol; Javier Etcheverry 97ol; Evernight Images 42or; David R. Frazier Photolibrary, Inc 12ml; Bernardo Galmarini 14ml, 50–51; Jeremy Hoare 6mru, 12–13m, 13or, 20ur, 42u; North River Images 4–5; Pictorial Press Ltd 58ol; Christopher Pillitz 58u, 59ol; Guido Schiefer 28or; vario images GmbH & Co.KG 58or; Wim Wiskerke 35or.

LA CABRERA: 54ol; CORBIS: Bettmann 32ol; Pablo Corral V 12um, 13um; Jon Hicks 24–25m; LANGEVIN JACQUES 28u; Sergio Pitamitz 3ur, 62–63; Hubert Stadler 64or.

FOTOSCOPIO LATIN AMERICA STOCK PHOTO AGENCY: 26mu, 48ol, 48or, 49or.

LATINPHOTO: 43ol, 10–11m.

MALBA – FUNDACION CONSTANTINI, BUENOS AIRES, ARGENTINA: 22um, 22ml, 23mr, 23mu.

PETER & JACKIE MAIN: 13ol.

ODYSSEY PRODUCTIONS, INC: Robert Frerck 13mlu.

PHOTOLIBRARY: Japan Travel Bureau 95o; John Arnold Travel 20–21; Mauritius 78–79; Nordic Photos/Chad Ehlers 8–9m.

REUTERS (alt TYPE): Marcos Haupa 32or.

VISAGE: Robert Frerck 18–19 m; Getty Images 28ol, 32ul, 33ol.

UMSCHLAG:
Vorderseite: ALAMY IMAGES James Bunker Hauptbild; Blane Harrington III. ul;
Buchrücken: DK IMAGES Demetrio Carrasco;
Rückseite: DK IMAGES Demetrio Carrasco ol, om, or.

Alle anderen Bilder:

Weitere Informationen unter:
www.dkimages.com

Sprachführer

Die in Argentinien gesprochene Varietät des Spanischen ist als *rioplatense* bekannt. »Ll« und »y« werden wie das Deutsche »sch« ausgesprochen. Steht »s« vor einem Konsonanten oder am Ende eines Wortes wie in »tres«, hat es den Lautwert »h«. Am Wortende kann »s« auch ganz wegfallen, wie in »dos« – »do«. Wie in anderen lateinamerikanischen Ländern werden »c« und »z« wie »s« artikuliert.

Notfälle

Hilfe!	**¡Socorro!**
Halt!	**¡Pare!**
Rufen Sie einen Arzt!	**¡Llamen a un médico!**
Rufen Sie einen Krankenwagen!	**¡Llamen a una ambulancia!**
Polizei!	**¡Policía!**
Wo ist das nächste Krankenhaus?	**¿Dónde queda el hospital más cercano?**
Können Sie mir helfen?	**¿Me puede ayudar?**

Grundwortschatz

Ja.	**Sí.**
Nein.	**No.**
Bitte.	**Por favor.**
Entschuldigung.	**Perdone.**
Verzeihen Sie.	**Disculpe.**
Es tut mir leid.	**Lo siento.**
Danke.	**Gracias**
Hallo!	**¡Buenas!**
Guten Tag!	**¡Buenos días!**
(nachmittags)	**¡Buenas tardes!**
Guten Abend!	**¡Buenas noches!**
Nacht	**noche**
Morgen (Tageszeit)	**mañana**
morgen (folgender Tag)	**mañana**
gestern	**ayer**
hier	**acá**
Wie?	**¿Cómo?**
Wann?	**¿Cuándo?**
Wo?	**¿Dónde?**
Warum?	**¿Por qué?**
Gut!	**¡Qué bien!**

Nützliche Redewendungen

Wie geht es Ihnen?	**¿Qué tal?/ ¿Cómo va?**
Es freut mich, Sie kennenzulernen.	**Encantado/ mucho gusto**
Sprechen Sie ein wenig Englisch?	**¿Habla un poco de inglés?**
Ich verstehe nicht.	**No entiendo.**
Können Sie langsamer sprechen?	**¿Puede hablar más despacio?**
Wie komme ich nach …/ wo geht es nach …?	**¿Cómo se llega a ...?/ ¿Por dónde se va a ...?**

Nützliche Wörter

groß	**grande**
klein	**pequeño**
gut	**bueno**
schlecht	**malo**
offen	**abierto**
geschlossen	**cerrado**
Eingang	**la entrada**
Ausgang	**la salida**
rechts	**derecha**
links	**izquierda**
geradeaus	**(todo) recto**
schnell	**pronto**
WC/Badezimmer	**el baño**
Damen	**las mujeres**
Herren	**los hombres**
Toilettenpapier	**el papel higiénico**
Batterien	**las pilas**
Ausweis/Reisepass	**el pasaporte**
Visum	**la visa**
Tourist Card	**la tarjeta turística**
Bar	**el boliche**
Geld	**el dinero/la plata**
essen	**morfar**
Führerschein	**el registro**

Gesundheit

Ich fühle mich nicht gut.	**Me siento mal.**
Ich habe Bauchschmerzen/ Kopfschmerzen.	**Me duele el estómago. la cabeza.**
Er/sie ist krank.	**Está enfermo/a.**
Ich muss mich ausruhen.	**Necesito descansar.**

Post & Bank

Ich suche eine Wechselstube.	**Busco una casa de cambio,**
Wie ist der Dollar-Kurs?	**¿A cómo está el dólar?**
Ich möchte einen Brief versenden.	**Quiero enviar una carta.**
Briefmarke	**la estampilla**
Geld abheben	**sacar dinero**

Shopping

Ich möchte …/ Haben Sie …	**Me gustaría/ ¿Tiene ...?**
teuer	**caro**
Wie viel kostet das?	**¿Cuánto cuesta?**
Wann öffnen/ schließen Sie?	**¿A qué hora abre/cierra?**
Kann ich mit Kreditkarte bezahlen?	**¿Puedo pagar con tarjeta de crédito?**

Sightseeing

Straße	**la carretera**
Hauptstraße	**la calle/el callejón**
Fremdenverkehrsbüro	**la oficina de turismo**
Rathaus	**la municipalidad**

Verkehrsmittel

Wann ist Abfahrt?	**¿A qué hora sale?**
Wann geht der nächste Zug/Bus nach …?	**¿A qué hora sale el próximo tren/ autobús a ...?**
Zoll	**la aduana**
Können Sie ein Taxi für mich rufen?	**¿Me puede llamar un taxi?**
Hafen von …	**el puerto de ...**
Anbordgehen	**el embarque**
Bordkarte	**la tarjeta de embarque**

Autovermietung	**alquiler de autos**
Fahrrad	**la bicicleta**
Gebühr	**la tarifa**
Versicherung	**el seguro**
Tankstelle	**la estación de nafta**
Ich habe einen Plattfuß.	**Se me pinchó una goma.**

Im Hotel

Ich habe reserviert.	**Tengo una reserva.**
Haben Sie Zimmer frei?	**¿Tiene habitaciones disponibles?**
Einzel-/Doppelzimmer	**habitación sencilla/ doble**
Zweibettzimmer	**habitación con camas dobles**
Dusche	**la ducha**
Bad	**la bañadera**
Ich möchte um … geweckt werden	**Necesito que me despierten a las …**
Wasser	**el agua**
Seife	**el jabón**
Handtuch	**la toalla**
Schlüssel	**la llave**

Im Restaurant

Ich bin Vegetarier.	**Soy vegetariano.**
Festpreis	**el precio fijo**
Glas	**el vaso**
Besteck	**cubiertos**
Kann ich bitte die Speisekarte sehen?	**¿Me deja ver el menú, por favor?**
Die Rechnung, bitte.	**La cuenta, por favor.**
Ich möchte etwas Wasser.	**Quiero un poco de agua.**
Frühstück	**el desayuno**
Mittagessen	**el almuerzo**
Abendessen	**la comida**

Auf der Speisekarte

el bife de chorizo a caballo	Lendensteak vom Holzkohlegrill mit zwei Speigeleiern
el choripán	Sandwich mit Wurst vom Schwein
el churrasco a caballo	Rumpsteak vom Holzkohlegrill mit zwei Spiegeleiern
la torta de humita	süßer Kürbis und Mais mit Käse, Zwiebeln und roten Paprika
chimichurri	scharfe Sauce
la centolla	Riesenkrabbe
el bife de lomo	Filet vom Holzkohlegrill
la molleja	Kalbsbries
el arroz	Reis
el atún	Thunfisch
el azúcar	Zucker
el bacalao	Kabeljau
los camarones	Garnelen
la carne	Fleisch
el chip	Brötchen
el huevo	Ei
el jugo	Fruchtsaft
la langosta	Languste
la leche	Milch
la mantequilla	Butter
el marisco	Meeresfrüchte
el pan	Brot
las papas	Kartoffeln
el pescado	Fisch
el pollo	Huhn
el postre	Dessert
el potaje	Eintopf
la sal	Salz
la salsa	Sauce
la sopa	Suppe
el té	Tee

Zeit

Minute	**el minuto**
Stunde	**la hora**
halbe Stunde	**la media hora**
Montag	**lunes**
Dienstag	**martes**
Mittwoch	**miércoles**
Donnerstag	**jueves**
Freitag	**viernes**
Samstag	**sábado**
Sonntag	**domingo**

Zahlen

0	**cero**
1	**uno**
2	**dos**
3	**tres**
4	**cuatro**
5	**cinco**
6	**seis**
7	**siete**
8	**ocho**
9	**nueve**
10	**diez**
11	**once**
12	**doce**
13	**trece**
14	**catorce**
15	**quince**
16	**dieciséis**
17	**diecisiete**
18	**dieciocho**
19	**diecinueve**
20	**veinte**
30	**treinta**
40	**cuarenta**
50	**cincuenta**
60	**sesenta**
70	**setenta**
80	**ochenta**
90	**noventa**
100	**cien**
500	**quinientos**
1000	**mil**
erste/r	**primera/o**
zweite/r	**segunda/o**
dritte/r	**tercera/o**
vierte/r	**cuarta/o**
fünfte/r	**quinta/o**
sechste/r	**sexta/o**
siebte/r	**sétima/o**
achte/r	**octava/o**
neunte/r	**novena/o**
zehnte/r	**décima/o**

Straßenverzeichnis (Auswahl)